免费

零元游
韩国

不用门票也能游遍韩国

少花钱 × 多体验 × 不走寻常路

KOREA

《亲历者》编辑部 编著

中国铁道出版社
CHINA RAILWAY PUBLISHING HOUSE

图书在版编目（CIP）数据

零元游韩国/《亲历者》编辑部编著. —— 北京:中国
铁道出版社，2017.1
（零元游世界）
ISBN 978-7-113-22418-9

Ⅰ. ①零… Ⅱ. ①亲… Ⅲ. ①旅游指南－韩国
Ⅳ. ① K931.269

中国版本图书馆 CIP 数据核字 (2016) 第 241146 号

书　　名：零元游韩国
作　　者：《亲历者》编辑部　编著

策划编辑：聂浩智
责任编辑：孟智纯
编辑助理：杨　旭
版式设计：彭玲俐
责任印制：赵星辰

出版发行：中国铁道出版社（北京市西城区右安门西街 8 号　邮编：100054）
印　　刷：北京铭成印刷有限公司
版　　次：2017 年 1 月第 1 版　2017 年 1 月第 1 次印刷
开　　本：880mm×1230mm　1/32　印张：8　字数：320 千
书　　号：ISBN 978-7-113-22418-9
定　　价：39.80 元

前言

近年来韩国成为旅游热门目的地，但热门的同时也意味着人山人海、喧嚣吵闹以及昂贵的门票。有时候置身人群当中，会不由得想到，我为何要花如此多的钱来看这人山人海？为何不能去看那美丽静谧的青山碧海、自然和谐的松林花田；参加文化元素丰富的庆典活动，为何不能前往韩国来一场说走就走的旅行？

《零元游韩国》正是基于此出发点，为你打造避开喧嚣、感受自然的"零元游"。本书搜罗了韩国免费景点之中颇具特色、风格鲜明的景点，或意义深远，或自然静谧，或怡情宜景，让你相信不买门票也可以享受最佳的旅游体验。

"零元游"的好处在哪里？首先是不需要购买门票，这样我们就可以把省下的旅游资金投入到自己喜欢的部分，比如去听一场盛大的演唱会，或是购买自己最喜欢的服饰、礼物等；其次是景点依然别致，相对于收费的景点来说许多免费景点更有特色和风格。比如汉拿山国立公园、清溪川、札嘎其市场等，其自然风光、历史传承、人文情怀等方面都很丰富。如果是喜欢韩剧的朋友，也可以去韩剧的拍摄地，感受一下剧中的浪漫气氛，而这些拍摄地也有许多是免费的。

在韩国的"零元游"，你可以去热闹的明洞商街，感受购物天堂的气氛；可以去传统的南大门市场，体验勤劳淳朴的民风；可以去巍峨壮阔的汉拿山国立公园，欣赏美丽的山景；可以来到镜浦台海边，等待美丽的日出；可以去潺潺流淌的清溪川旁，享受首尔的悠闲时光；也可以去热闹的札嘎其市场，体验市民们最真实的生活。

本书还详细介绍了韩国旅行前的计划、准备、出发，以及返回的实用攻略；正文则是以首尔、釜山、济州、庆州、光州、江原道等目的地为牵引，详细介绍了每个地方的免费景点和资讯，并充分考虑到吃、住、行、购等细节。如果你打算走出韩剧，亲自去体验这个国度的美丽风情，记得带上这本书，它可以让你的旅程更加轻松。

●龙头山公园

零元游·韩国

✕ 目录 ✕✕✕✕✕✕✕✕✕✕

导读

· 不用门票也能High ·

Part 1

✕✕✕✕✕✕ · 首尔 · ✕✕✕✕✕✕

Part 2
·济州·

Part 3 ·釜山·

Part 4 · 庆州 ·

Part 5
·光州·

Part 6
·江原道·

Part 7

·其他地区·

导读 不用**门票**也能**High**

· 不要门票的地方**到底有多好** · TICKET

零元游韩国
导X读
1

有景点与无景点

　　我们所认知的大多景点：人多而杂，门票贵，随大流，体验性差。其实旅游本不该这样，旅游是一种享受、一种见识，而不是出去一趟花点钱那么回事。少花钱，多体验，多学习，才是旅游的最佳状态。

　　景点是旅游目的地标志性景观的核心，它分为收费和免费2种，这里所要介绍的免费景点，也就是"有景点"。免费景点的最大优点就是不用花钱，其次人少不拥挤，并且贴近当地人的生活、科技、文学等，让你真正长见识、扩眼界。比如韩国颇具代表性的"炸鸡啤酒庆典"（大邱市／达西区），热闹非凡，游客也可亲自动手学习这一美食的精髓；去"盘浦汉江公园"（首尔市／瑞草区）欣赏如梦似幻的美丽喷泉，与首尔市民一起游走在温馨浪漫的汉江边，真切地体验首尔风情；在"南山谷韩屋村"，感受韩国传统建筑美学，欣赏传统的文艺表演，你会觉得自己就好像身处于韩国古代一般。类似这种极具体验感的免费景点，散布在韩国的大小地区，只是还未受到中国人的广泛关注。

　　而所谓的"无景点"，即隐藏在山谷、峡湾、原野、海岸边，或者闹市中的某个村落、度假地、小巷甚至溪流等，它们算不上景点，却是一处极其美丽、惬意、多彩的地方，你可以独自免费享受那里的一切，走进当地人的日常生活。

既是穷游，也是奢华游

为何说不用门票既是穷游，也是奢华游？不用门票，顾名思义可以省下很多门票钱，而且因为偏冷门的缘故，游览景点所附加的吃饭、住宿、体验等费用都会随之降低。而所谓奢华游，指的不仅是体验与见识方面的"奢华性"，更在于这些地方带给你特有的私人空间，就好比你独自拥有一个度假村、一片草场、一片海滩等。

既是穷游，也是奢华游，说的是一种意境，玩的是一种技巧，多贴近当地人的生活圈，走不寻常的路，你就会发现："穷"的时候才是最开心、最奢侈的。

越是免费的景点越自然

在韩国，景点大致可分为国家所有与私人或企业所有。国家所有的景点由韩国文化财厅负责管理，门票普遍不高，也有许多免费的景点，比如汉拿山国立公园、光化门广场、清溪川等就属于国家所有的景点，是人们不需要门票就可以游玩的。而私人或企业所有的景点一般是需要收费的，比如南怡岛、乐天世界等。其实不难发现，国家所有的景点在自然性、代表性、历史意义等方面普遍要高于私人或企业所有的景点，如果你想要去韩国接触最真切的自然，感受古老的历史气息，那"零元游"是再合适不过了。

韩国有许多的节日庆典也是无需门票的，比如"炸鸡啤酒庆典""釜山国际电影节"等。参加这些庆典，既可以亲身体验学习韩国文化，又可以在热闹欢快的庆典氛围中增添旅行的乐趣，一举两得。而像这样的庆典活动在韩国并不少，如果你的旅行途中正好遇到自己喜欢的庆典活动，可一定不要错过。

另外，韩国很多公益性的、研究性的、生产性的场所，诸如场馆、作坊、商店、园地、市场等，都完全免费开放给市民和游客，你从中可以零距离地接触韩国的工业、科技、饮食等，最大限度地提升自己的见识。也许是为了吸引游客，韩国政府还免费开放耗费巨资打造的景点，比如釜山的多大浦梦之夕阳喷泉，每天都吸引上万人次前来参观，其庞大的运营费全都由政府出。

·零元游韩国 TOP 榜·远离喧嚣的唯美小城

TOP 1

盆塘

盆塘在韩国享有"天堂之下是盆塘"的美誉，与喧哗热闹的江南区相比，盆塘更像一个世外桃源，少了些汽车与高楼大厦，多了许多花草树木与环境优雅的咖啡厅，走在盆塘的街上，你便不禁会被周围的悠闲气氛所感染。

TOP 2

江陵

江陵市位于韩国东海岸，拥有丰富的海洋旅游资源，是韩国代表性的观光都市之一。这里有美丽的镜浦台，娴静的乌竹轩，还有草堂嫩豆腐、阿爸米肠等特色小吃。另外，江陵美丽的海上日出，也是许多情侣来此旅行的必观之景。

TOP 3 束草

束草曾因拍过韩剧《蓝色生死恋》而闻名。作为一个港口城市，美丽的海岸风光和热闹的海水浴场是必不可少的，但束草最有名的却是其西面巍峨耸立的雪岳山。雪岳山风光秀丽，一年四季景致各不相同，公认为韩国最著名的自然景观之一，是前往韩国必去的名山之一。

TOP 4 大田 📷

　　大田被誉为韩国的硅谷，是韩国第五大城市。大田拥有众多的科学技术研究院，如韩国科技院KAIST。不仅如此，科学世博会EXPO在大田成功举办后，大田又加大了教育力度，成为了韩国教育水平最高的城市。除此之外，风景秀丽的鸡笼山和儒城温泉，以及大田其他有名的观光地都值得前往游览。

TOP 5 坡州 📷

　　坡州位于韩国京畿道，临近南北分界线。坡州最有名的要数Heyri村，是许多艺术家聚集之地，风格不一的画廊、美术馆、咖啡厅随处可见，整个村落充满了浓厚的艺术气息。而普罗旺斯村则更像是一个美丽的童话乐园，漫步在这里处处都会遇到惊喜。而为纪念朝鲜战争而建的临津阁，也是许多国外游客最喜欢的安保景点之一。

TOP 6 密阳 📷

　　密阳是韩国民谣三大阿里郎之一的《密阳阿里郎》发源地，每年5月人们都会在此举办盛大的阿里郎节日庆典。密阳还是韩国3大楼阁之一的岭南楼所在地，郊外的表忠寺和万鱼寺是韩国有名的两座寺庙，每年夏天来到此地，感受清凉的溪谷，倾听优美的阿里郎故事，欣赏古老的岭南楼阁，是一件非常享受的事情。

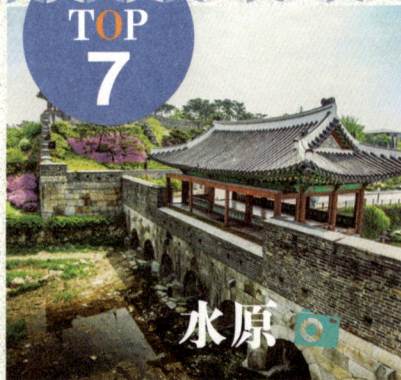

TOP 7

水原 📷

水原是一座历史古城，至今仍原封不动地保持着200多年前城市的主要骨架，是东方城郭的典范。水原市科学技术发达，三星电子最大的研发中心就位于水原。另外，水原有名的水原排骨，也是韩国人最喜爱的美食之一。

TOP 8

公州 📷

公州至今还有许多百济时代留下来的古迹。这里的公山城向人们诉说着精彩的故事，置身其中，历史像一幅幅画面一样展现在你的眼前。从公山城上远眺，百济的影子早已不复存在，唯一不变的是那条缓缓流淌了千年的白马江。

TOP 9

抱川 📷

风光明媚的抱川，曾是韩剧《灰姑娘的姐姐》的拍摄地。抱川的薰衣草岛乐园开满了薰衣草，漫山遍野的紫色花海，色彩明亮的建筑，游客身处其中就好像置身于童话世界一般。抱川的山井湖被四周山峰包围，水质清凉洁净。在青山绿水间乘船漫游，惬意非凡。同时，抱川的二东马格利米酒和二东排骨是最受欢迎的特色美食，来抱川一定不可错过。

TOP 10 忠州 📷

　　忠州以产苹果而闻名，还有被誉为韩国最好温泉之一的水安堡温泉，置身温泉之中，感受群山的环绕，意境之美让人难以言喻。美丽的忠州湖是韩国最大的内陆湖，乘船游览，两岸湖光山色美不胜收，是韩国有名的度假胜地。

·零元游韩国 TOP 榜·有趣的韩国博物馆

TOP 1

国立中央博物馆 📷

　　国立中央博物馆原为朝鲜总督府博物馆，展示有韩国的历史文化遗物。国立中央博物馆中藏品约22万件，囊括了考古、美术、历史等领域，设有常设展厅、企划展厅、儿童博物馆等。

TOP 2

国立济州博物馆 📷

　　国立济州博物馆坐落在美丽的纱罗峰公园内，展示了济州的历史与文化。馆内陈列着济州自史前时代至朝鲜时代的珍贵文物，并设有耽罗文化展示馆，向游客展示了灿烂的耽罗文化。

TOP 3

国立庆州博物馆 📷

国立庆州博物馆主要展出新罗时代首都庆州的文化遗物，通过这些文物可让人认识到新罗时代出色的艺术成就。博物馆分为本馆、第1别馆、第2别馆和室外展示场四部分，陈列着大量陶器、美术工艺品以及从庆州市内各大古坟考古挖掘出来的文物。

TOP 4

国立春川博物馆 📷

国立春川博物馆保存了从旧石器时代至今的江原道文化遗产，具有很高的学术意义。国立春川博物馆内设有展示馆、儿童阅览室、学习体验室、讲堂等设施，全方位、多角度、针对性地介绍了江原道的历史和文化，是游客了解江原道历史和文化的好去处。

TOP 5

韩国银行货币金融博物馆 📷

韩国银行货币金融博物馆内收藏了全世界由古至今的珍稀货币。博物馆建于日本殖民时期，如今依然保留着当年的建筑风格。游客可徜徉于古老的建筑中，体会古往今来世界货币的变化。

TOP 6 国立光州博物馆 📷

国立光州博物馆包括展览室、文物保管设施和室外展览场等设施，有效帮助了光州文化艺术的振兴发展和市民素质的提高。游客不仅可以在此参观学习，还可以参加博物馆内各式各样的体验活动。

TOP 7 国立大邱博物馆 📷

国立大邱博物馆保存和展示了很多大邱和京畿道具有特色的文化遗产，富有很强的艺术性。博物馆设有三个展示厅和一个企划展厅、体验学习室、视听室和图书室等，陈列着佛教雕塑与工艺品、高丽青瓷、朝鲜白瓷、粉青瓷器等艺术品。

TOP 8 大邱方子铜器博物馆 📷

大邱方子铜器博物馆是韩国最早的方子铜器主题博物馆，非常独特。博物馆分为地上两层和地下一层，拥有展示室和资料检索室、文化厢房、影像教育室、户外公演场、企划展厅等设施，是能让人全方位了解韩国方子铜器发展史的重要博物馆。

·零元游韩国 TOP 榜·浪漫的韩剧拍摄地

TOP 1 南山公园

经典韩剧《巴黎恋人》《我叫金三顺》《屋塔房王世子》等都在这里取过景。南山公园海拔 265 米，位于首尔市中心，登上山顶可以俯瞰整个首尔的美景，夜晚尤其浪漫温馨。

TOP 2 北村韩屋村

北村韩屋村是韩剧《拥抱太阳的月亮》《个人取向》的拍摄地。北村韩屋村内的屋舍以韩屋为主，非常有特色。而且许多时尚的小店也在此营业，使其充满了生机与活力。

TOP 3 盘浦大桥彩虹喷泉

盘浦大桥是韩剧《花样男子》《清潭洞爱丽丝》的拍摄地。盘浦大桥是世界上最长的喷水大桥。喷泉夜间会有如彩虹般多彩的灯光照耀，景色优美浪漫。

TOP 4 梨花壁画村

梨花壁画村是韩剧《屋塔房王世子》的拍摄地，后经过艺术家的努力，使其再一次充满生机与活力。这里美丽新奇的壁画，一定能给你带来一次不一样的旅行。

TOP 5

涉地岬 📷

涉地岬是韩剧《真爱赌注》《我叫金三顺》《大长今》的拍摄地。涉地岬风景优美，漫步在小道上，一边是美丽的油菜田和济州特产的短腿马，另一边则是一望无际的碧海蓝天，如此美景，瞬间让人心旷神怡。

TOP 6

咖啡王子一号店 📷

咖啡王子一号店是韩剧《咖啡王子一号店》的拍摄地。现在这个咖啡店依照该剧原样保存，咖啡店也因此人气高涨。剧里的壁画、涂鸦，还有一系列的相关物品，都让来这个小店的游客络绎不绝。

TOP 7

花津浦海水浴场 📷

花津浦海水浴场是韩剧《蓝色生死恋》的拍摄地。在剧中，最后俊熙背负死去的恩熙茫然地走在海边的场景就是在这里拍摄的。美丽的海岸风光，却因感人的爱情而蒙上了一层悲情氛围，别有一番魅力。

TOP 8

韩国民俗村 📷

韩国民俗村是众多韩国古装剧的拍摄地，如《大长今》《阿娘使道传》《黄真伊》以及《拥抱太阳的月亮》等都曾在此取景。这里大量的传统建筑，丰富多彩的庆典活动，都会让你体验到韩国传统文化的魅力。

·零元游韩国 TOP 榜·魅力十足的韩国市场

TOP 1 明洞 📷

　　明洞是韩国最具代表性的购物街之一，分布着大量的百货公司、商场、餐厅等，是游客前往韩国旅游购物的必去地之一。这里每天都会聚集大量的人，热闹非凡。由于明洞道路呈棋盘状分布，所以游览前你最好提前看地图熟悉一下。

TOP 2 札嘎其市场 📷

　　札嘎其市场是韩国国内最大的水产市场，其海鲜种类和数量是其他市场所无法比拟的。来札嘎其吃一顿鲜美的生鱼片，是很多釜山人生活中必不可少的一部分，同时这里是最能体验釜山市民气息的地方之一。

TOP 3 东大门市场 📷

　　东大门市场是韩国著名的服装大卖场所在地，也是首尔最具代表性的市场之一。东大门市场中的商品以男装、女装、鞋类为主，而且价格要比别的地方便宜许多，因此也受到不少游客的喜爱。除了国际性大品牌之外，东大门还有许多美丽的韩服和店家自己设计出来的服饰，这些在其他地方都是很难见到的。

TOP 4

仁寺洞

仁寺洞是韩国买卖文化商品的文化街，主要售卖古代美术品、现代美术品、韩服、陶瓷器、工艺品和旅游纪念品，非常具有韩国特色。除了外来游客外，这里也是许多首尔市民喜欢去的地方。

TOP 5

春川浪漫市场

春川浪漫市场是一个充满浪漫气息的文化观光市场，它以大规模零售为主，相较于其他市场，这里还拥有众多令人怦然心动的演出、各式雕塑和美丽的壁画，充满了浪漫的气息。

TOP 6

梨泰院

梨泰院是首尔一个具有异国风情的观光旅游区。与韩国其他购物地不同，这里出售的商品以皮革、首饰、体育用品、纪念品和土特产为主，所以吸引了许多的国外游客。同时，梨泰院也是首尔有名的豪宅区。

TOP 7

南大门市场

南大门市场主要是销售童装、男装、女装等商品的大型传统市场。每天3:00，全国各地的批发商便会到此来进货，盛况空前。如果你想体验韩国人民勤劳的特质，不妨随着商流大军一同前来。

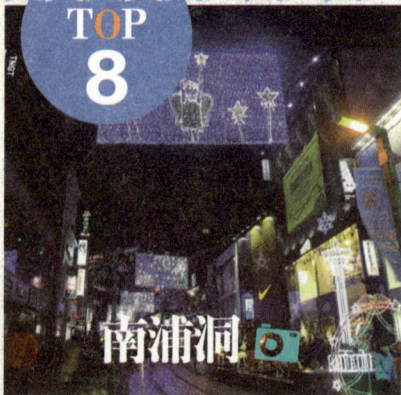

TOP 8 南浦洞

　　南浦洞是釜山著名的购物区，闻名国际的"釜山电影节"就是在此举办的，吸引了许多的电影爱好者前来，每年节日期间，南浦洞便热闹非凡。南浦洞除了拥有剧院和电影院外，还有免税店和年轻人喜爱的 Young Casual 品牌卖场。

TOP 9 良洞市场

　　良洞市场有湖南地区最大规模的传统市场之美称，主要售卖农产品、水产品、工艺品以及其他物品等，同时良洞市场还以出售祭祀用品和婚礼用品而出名。在良洞市场上有一家名叫卢武铉汤泡饭的店，曾因韩国总统卢武铉的到访而名声大震。

TOP 10 济州东大门市场

　　济州东大门市场是济州商业的根据地，热闹非凡。整个市场完整地保留了传统市场的特征，商品种类多，选择余地大，价格合理。其商品既可以大量选购，也可以小量购买，如果去济州旅行的话，这里就是购物的最佳选择之一。

● 南浦洞购物街

Part ① 首尔

无需门票，体验首尔"心"玩法

Part1 首尔
首尔市区

1·遇上庆典别错过·

在首尔有许多的特色庆典，每次都会有许许多多的游客和市民前来参加，热闹非凡。人们既可以在庆典活动中享受乐趣、欣赏各具特色的表演，也可以从中学到大学感受韩国的传统文化、体验韩国市民的生活。前往首尔快去嗨起来吧！

首尔庆典资讯				
活动	时间	地址	交通	简介
汝矣岛樱花节	4月的樱花花期	首尔市永登浦区汝矣公园路120号	乘坐5号线在汝矣岛下3号出口，朝国会议事堂方向步行5分钟	美丽的樱花盛开好似下起了粉红色的雪一般，每年都会吸引大批的游客前来
宗庙大祭	5月的第一个周日	首尔市钟路区宗庙	乘坐地铁1、3、5号线在钟路3街站下车	纪念韩国皇室祖先的大型庆典，有特色的表演和皇家马队盛大游行
燃灯会	5月7日前后	首尔市钟路区邮政局路55号	乘坐地铁1号线在钟阁站下车	起源于1300年前的新罗时期，是韩国最重要的传统庆典活动之一
首尔夏季购物节	7月	首尔市中区明洞	乘坐地铁2号线到乙支路入口站下车，步行前往	在首尔范围内的百货店、大型超市、大型购物中心等，将进行特价购物节活动

续表

活动	时间	地址	交通	简介
首尔文化之夜	8 月末	首尔市中区世宗大路 110	乘坐地铁 1 号线在钟阁站下，从 5、6 号出口出	是以市民为主角的庆典，热闹而有趣，还能参观许多平时都不会开放的建筑
首尔世界烟花庆典	10 月初期	首尔市永登浦区 63 路 50	乘坐地铁 5 号线在汝矣渡口站下，从 4 号出口出	届时绚丽缤纷的烟花在汉江上空绽放，是世界最高水准的烟花表演之一
嗨，首尔庆典	10 月初期	首尔市中区世宗大路 110	乘坐地铁 1 号线在钟阁站下，从 5、6 号出口出	是首尔最大规模的街头艺术庆典，会有许多高水准的街头公演
首尔越冬泡菜文化节	11 月 7 日前后	首尔市中区世宗大路 110	乘坐地铁 1 号线在钟阁站下，从 5、6 号出口出	韩国最具代表性食物之一泡菜的文化
首尔独立电影节	11 月末至 12 月初	首尔市江南区新沙洞 30 路 45	乘坐地铁 5 号线光化门站下，从 7、8 号出口出，步行前往	活动规模大，参与作品众多，电影爱好者可以一饱眼福

Part1 首尔
首尔市区

2 ·免费资讯助你游·

　　来首尔旅游最方便的地方就是有许多免费的旅游咨询处，各种详细贴心的旅游地图或杂志都可以在这些地方免费领取。首尔主要的景点和火车站都建有游客中心（Information Center），这里提供免费首尔地图，以及相关的旅游咨询服务。另外，在首尔的几大代表性地段，每天都有身穿红色衣服的外语服务人员，游客可以根据其背后的文字辨别自己需要的语种服务；在前往首尔之前，你也可以根据当地的韩国旅游发展局网站查寻旅游信息。

首尔旅游咨询处信息				
名称	营业时间	地址	交通	电话（均含中文语音服务）
韩国旅游发展局咨询服务中心	09:00 ~ 20:00	首尔市中区清溪川路40，韩国旅游发展局首尔中心2楼	乘坐地铁1号线在钟阁站下，从5号出口出步行前往	02-1330
首尔国际文化体验中心	10:30 ~ 19:30，元旦、春节、中秋节当天休息	首尔市中区明洞8路27号	乘坐地铁4号线至明洞站下，从6号出口出，步行3分钟	02-37897961
明洞旅游信息中心	09:00 ~ 20:00，春节、中秋当日休息	首尔市中区乙支路66	乘坐地铁2号线在线乙支路入口站下，从5、6号出口出，步行前往	02-7780333

👑 **Part 1 首尔**
首尔市区

3· 不要门票怎样能玩 High ·

不花 1 分钱游览首尔的线路

明洞天主教堂：位于明洞的天主教堂，非常有特色

📱 步行 5 分钟

明洞：购物的天堂，可感受韩国购物街的热闹氛围

📱 步行 5 分钟

南大门市场：首尔最具代表性的传统市场之一，集美食、购物于一体

📱 步行 15 分钟

南山公园：位于首尔市中心，是首尔的象征，山顶景色秀美

📱 乘地铁 1 号线在钟阁站下车

清溪川广场：有流淌于首尔市中心的清澈小溪，这里夜景也很美，是深受市民和游客欢迎的地方

📱 步行 10 分钟

光化门广场：被誉为韩国的象征，这里有许多有趣的建筑和设施

● 明洞天主教堂

零元游首尔市区

1

·首尔广场·

旅游资讯

🏠 首尔市中区太平路1街31番地

📞 02-7358688

🚌 乘地铁1号线在市政府站5号或6号出口，或在支路入口站1号或8号出口，或在光华门站5号或6号出口，或在钟阁站5号或6号出口

@ plaza.seoul.go.kr

首尔广场（Seoul Plaza）位于首尔市中心，是首尔市的象征。这座广场就在首尔市政厅的对面，举办过很多展览和公益活动。韩日世界杯举办的时候，这座广场也因10万民众在此加油助威而广受世界瞩目。其后，这里由机动车道重新修建成为椭圆形草地广场，有人行道与市政府正门相连，成为市民休闲娱乐和举办文化庆典活动的场所，见证着首尔历史与文化的变迁。

📋 不要门票也能 High

　　首尔广场是首尔市第一大广场，在高楼林立的大都市中心有这样一处空间开阔的休闲娱乐场所，令人十分惬意。首尔广场常年向市民开放，广场上的巨大草坪经常人来人往，周末还会举办一些庆典活动，而每日正午回荡在广场上空的普信阁钟声，也是首尔市最独特的印象之一。

SMTONWN 是由韩国著名的 SM 娱乐公司运营的复合化文化空间。在这里你可以与 SM 娱乐公司旗下的韩流明星来一次亲密接触，如东方神起、Super Junior、EXO、少女时代等。这里还有明星戴过的同款太阳镜、帽子等，你可一一观摩，明星推荐的各种时尚小物件等你选购，还汇集了各种新奇的韩流文化体验，让你从踏进来的那一刻开始就为之激动不已。

旅游资讯

🏠 首尔市江南区三成洞 159

📞 02—5915943

🕐 11:00 ~ 22:00

🚐 乘坐地铁 2 号线在三成站 5、6 号口出，步行 1 分钟

▇ 不要门票也能 High

　　SMTOWN 一共有 6 层，第一层是欢迎区，从第二层开始由 SUM、SMTOWN STUDIO、SMTOWN LIVERARY CAFE 和 SMTOWN THEATRE 组成。其中最有特色的是三层的 SMTOWN STUDIO，这是一个可以让你成为真正艺人的特别体验空间，在此你可以和 SM 专业团队一起体验从演唱、舞蹈训练到发型和化妆造型、画报拍摄以及唱片和 MV 制作等全部过程，让你的明星梦成真。不仅如此，有时也会有 SM 旗下的艺人来此录音，如果你运气好的话，说不定能与心目中的他来一次激动人心的偶遇呢。

盘浦汉江公园（**Banpo Hangang Park**）是首尔市民中人气最高的公园之一。其中，盘浦大桥的彩虹喷泉更是令人惊艳。入夜，音乐响起，宏伟的盘浦大桥上 380 道水柱同时喷出，在灯光的照耀下五彩斑斓，美轮美奂，伴随着优美的音乐，绚丽壮观。该喷泉现已被列入世界吉尼斯纪录大全。

旅游资讯

🏠 首尔市瑞草区盘浦洞 115-5

📞 02—5915943

🚐 乘坐地铁 3 号线在高速客运站 8—1 号出口出来

▇ 不要门票也能 High

　　彩虹喷泉每次喷射 20 分钟。周一至周五 12:00、20:00、21:00；周六、周日、节假日 12:00、17:00、20:00、20:30、21:00、21:30。冬季、雨天以及汉江涨潮或者其他事情发生时有可能暂停开放。

内外大厦　韩亚银行　SK大厦　●企业银行总行

乙支路入口站（2号线）　　　　　乙支路2街十字路口

火炉故事　　东洋综合金融

sk网络　高汤之家　KEB●外换银行

乐天酒店　韩国电力　Metro酒店　长寿日

牧友村　明洞中央大厦　首尔YMCA　●南大门税务所

乐天百货　国民银行总行　换钱　元堂　首尔皇家酒店·会馆　YMCA　明洞天主教堂十字路口

朝鲜酒店　三星证券　换钱　天主教会馆　景福宫

乐天名牌店　宜必思酒店　KEB　●和平广播

安东炖鸡　明洞艺术剧场　味加本粥铺

乐天Young广场　U会馆　三星Fashion　明洞饺子　将军包肉　福溪

韩进大厦　海底捞妈妈家　李家村　日出　明洞天主教堂

屈臣氏　M-广场　望乡拌面　新亭

高丽堂　换钱　屈臣氏Holika6号店

现代海上火灾保险　明洞饺子　天地然汗蒸幕　启星女高中

开花　换钱　首尔华侨学校　俞家鸡排　牛里天国　拌别的家宅宅家　明洞TBS酒店

KT中央支柱　MUD天幕　沙威酒店　草家　礼物天园

中央邮局　换钱　明洞Outlet　换钱　世宗酒店　李家韩臣食

喷泉　牛佳坊　牛里花园　烤肉明洞

Top Land　兰州拉面大然阁大厦　韩国馆　明洞站（4号线）　韩国电力

新世界百货　太子酒店

MESA　新世界百货新馆　State Tower 南山　Korai Herald报社　企业银行　大韩红十字会

新东方酒店　太平洋酒店　首尔南山小学

南山大厦

中区保健院　南山缆车 Namsan Cablecar　药局　首尔艺术大学 南山教育院 艺术中心

南山公园酒店

明洞景点分布示意图

明洞（**Myeong-dong**）是韩国最具代表性的购物街之一，全长约1.5公里，街道两旁分布着百货公司、商场、餐厅、酒店、戏院等，另外还有一批超现代的大型购物广场、观光酒店和金融机构。除了购物之外，明洞也有许多好吃的，其中明洞炸猪排和刀切面最为有名。

Part1 首尔
首尔市区

4

· 明洞 ·

旅游资讯

🏠 首尔市中区明洞2街
📞 02—7743238
🚗 乘坐地铁4号线在明洞站5、6、7、8号出口出，或乘坐地铁2号线在乙支路入口站5号口出
@ tour.junggu.seoul.kr

不要门票也能 High

1. 明洞的街道布置就像棋盘一样，所以最好在去之前查好地图。

2. 在繁华的明洞商街中，明洞大教堂更像是一个世外桃源。游客可以在此休息，欣赏哥特式建筑构造的风采，聆听历史的启蒙，让心清净下来，而这份清净也与门外明洞的繁华形成鲜明对比，给人一种奇特的感觉。

国立中央博物馆（**The National Museum of Korea**）原为朝鲜总督府博物馆，于1972年在景福宫新建馆舍，主要展示韩国历史文化遗物。国立中央博物馆藏品约有22万件，囊括了考古、美术、历史等领域，除陈列亚洲相关文化遗产的常设展厅之外，博物馆内还设有企划展厅、儿童博物馆等。同时，国立中央博物馆也是许多国际性展览的举办地，如2012年备受世界瞩目的玛雅文明展就是在此举办。

Part1 首尔
首尔市区

5

·国立中央博物馆·

旅游资讯

🏠 首尔市龙山区西冰库路137
📞 02—20779000
🚗 乘坐地铁4号线在二村站2号出口出，步行前往
@ www.museum.go.kr

不要门票也能 High

1. 国立中央博物馆每周一休息，周二、周四和周五的开放时间为09:00～18:00，周三、周六的开放时间为09:00～21:00，周日和公休日的开放时间为09:00～19:00。

2. 国立中央博物馆比较大，一共有7层，地上6层、地下1层，如果想要仔细欣赏这些藏品，最好分两天游览。

6

·光化门广场·

旅游资讯

🏠 首尔市钟路区世宗路

📞 02-3991114

🚌 乘坐地铁5号线在光化门站9号口出即到

◎ 10:30 ～ 22:30，周一休息，若周一为法定节假日则开放，改为周二休息

@ www.sejongpac.or.kr

光化门是景福宫的正门，从这里到市厅的世宗路，就是被称为"首尔心脏"的**光化门广场**（Gwanghwamun Square）。广场宽34米，长557米，各处不仅以多种形式展示了韩国的历史，还设置了各种各样象征首尔的设施。光化门广场在古代被称为"六曹街"，王室与庶民们都在这条中心大道上来来往往，非常热闹。如今的光化门广场作为首尔的一个新景点，吸引了不少游客的关注。

李舜臣将军铜像：李舜臣是韩国著名的民族英雄，深受韩国人民的爱戴，著名的电影《鸣梁海战》便是以他为原型而拍摄的。在光化门广场上便有一座李舜臣将军铜像，仍旧以威严的姿态捍卫着首尔。

忠武公物语：李舜臣死后被授予忠武公的称号，在世宗文化馆地下便设有一座展示空间"忠武公物语"，里面介绍了李舜臣的一生和功绩，其中最具观赏价值的便是龟甲船的55%缩小版模型展区，通过这个你可以看到龟甲船内部设施，不得不为它的精巧和智慧而赞叹。

世宗大王铜像：光化门广场立有一座高6.2米、宽4.3米、重20吨的世宗大王像。世宗大王是创造韩国文字的朝鲜王朝第4代国王，光化门广场地下还有展示空间"世宗物语"，在这里可以了解他的一生和功绩。

12·23喷泉：铜像周围设计的"12·23喷泉"可以说是光化门广场的标志性建筑物。这个喷泉名字中"12"是代表鸣梁海战中的12艘朝鲜战船，"23"代表了23战全胜的傲人战绩。有200个喷泉喷水，最高可达18米，100多个干池旱泉变幻多姿，夜晚五彩斑斓的地灯让喷泉更加美丽动人。

东大门（**Dongdaemun Gate**）始建于 1396 年，原来叫兴仁之门，是首尔城墙东南方的大门，如今城门已禁止通行。现在的东大门已然成为首尔最著名、最繁华的地段之一，高楼大厦林立。这里既有历史遗留的痕迹，也有现代都市的繁华，是一个古今融合的特色商业圈。

不要门票也能 High

东大门最大的特点是门外有拥城相围，拥城是把大门围住的半圆形城墙，这也使得东大门成为首尔东边的防御城堡。夜晚的东大门在霓虹灯的照耀下金碧辉煌，屋檐上刻有多种动物雕像，据说有驱除恶鬼的作用，十分有趣。

Part1 首尔
首尔市区

7

· 东大门 ·

旅游资讯

🏠 首尔市钟路区钟路 6 街 69 号
📞 02–21481844
🚌 乘坐地铁 1、4 号线在东大门站 9 号出口出
@ english.jongno.
go.kr

南大门（**Namdaemun Gate**）又叫崇礼门，始建于 1396 年，1398 年 2 月完成扩建，在诸多城门中规模最大。以平滑的巨石堆砌而成的石阶中央有一个拱形的入口，石阶上有柱子和屋顶，分为上下两层。同时它邻近的南大门市场，是首尔乃至韩国的一个重要地标，每天 3：00，全国各地的批发商便会到此进货，而这也让它成为了一道反映韩国人民勤劳的风景线。

Part1 首尔
首尔市区

8

· 南大门 ·

旅游资讯

🏠 首尔市中区南大门路 4 街 9 号
📞 02–77985478
🚌 乘坐地铁 4 号线在会贤站 6、7 号出口即到
@ tour.junggu.
seoul.kr

不要门票也能 High

夜晚的南大门尤为漂亮，城门下的水银灯将南大门照得通亮。如果你想感受一下韩国最具代表性的传统市场和民族风情，也可以跟随批发商们凌晨来到此地，这一定会是一种难得的体验。

Part 1 首尔
首尔市区

9
·韩国银行货币金融博物馆·

旅游资讯

🏠 首尔市中区南大门路3街110号

📞 02-7594881

🚌 乘坐地铁2号线在乙支路入口站7号出口出，步行5分钟即到

@ museum.bok.or.kr

韩国银行货币金融博物馆（Bank of Korea Money Museum）收藏了全世界由古至今的珍稀货币。博物馆建于日本殖民时期，依然保留着当年的建筑风格，它的前身为韩国中央银行——"韩国银行"。游客可徜徉于古老的建筑中，体会古往今来世界货币的变化。另外，附近的首尔市政府、首尔市议会议事堂等建筑，均为始建于日本殖民时期的古老建筑。

🟪 不要门票也能 High

韩国银行货币金融博物馆共有两层，其中一楼展厅主要介绍货币的流通结构及韩国中央银行，在展厅的中心，还陈列着由古至今世界各地的珍稀货币；博物馆二楼是造纸机和典藏货币展览，陈列的印钞机和黄金测量仪都能让游客大饱眼福。

Part 1 首尔
首尔市区

10
·青瓦台·

旅游资讯

🏠 首尔市钟路区世宗路1号

📞 02-7305800

🚌 乘坐地铁2号线在蚕室站下车即到

@ president.go.kr

青瓦台（Cheong Wa Dae）是韩国总统官邸，由于其最显著的特征就是青瓦，所以也被人称之为"蓝宫"。青瓦台由位于中央的主楼、迎宾馆、绿地园、无穷花花园、七宫等组成，都是按照韩国的传统建筑模式建造的，非常有特色。在此既能感受韩国建筑美学，又能欣赏到自然风光，再加上其独特的政治意义，青瓦台便成了广受游客欢迎的景点之一。

🟪 不要门票也能 High

1. 参观青瓦台需要申请，申请手续十分方便，不过申请要提前3周提交，且一个月只能申请一次。在青瓦台英文网站（president.go.kr）上可以申请，选择到访日期后填写姓名、电子邮箱、护照号码、护照发放日期、护照结束日期等信息即可。

2. 参观时间：周二至周五、每月第二个和第四个周六（除法定假日外，周六10人以下个人及家族单位）一天四次10:00、11:00、14:00、15:00。夏季时段（7月1日至9月19日）14:00的参观改为15:00，15:00的参观改为16:00。

北村韩屋村（Bukchon Hanok Village）有许多韩国传统房屋，沉浸在这些古风古韵的屋舍当中，你会感觉自己仿佛穿越到了另一个时代。到这里你会发现，它可能并不像你想象中的那样热闹，而是安静地坐落在那里，散发着浓郁地生活气息。同样，你也不要被它的外表所迷惑，如果你仔细观察就会发现这里有很多新潮的小风景，如一幅壁画，一束花，或者是一座精美的石雕，都让这个村落充满了灵性与活力。

Part1 首尔
首尔市区

11

·北村韩屋村·

旅游资讯

🏠 首尔市钟路区桂洞街 37 号
📞 02-69220777
🚗 乘坐地铁 3 号线在安国站下车即到
🕐 09：30 ～ 21：30
@ dobo.visitseoul.net

■ 不要门票也能 High

1. 北村韩屋村参观可提前预约服务。

预约网站：dobo.visitseoul.net（最晚于参观日 3 天前申请）

预约确认：以手机短信的形式告知，可在网上确认详细信息

导览语言：韩语、英语、日语、汉语

其他资讯：02-69250777

2. 推荐旅游路线（约需 3 小时 30 分钟）：安国站→北村文化中心→嘉会洞 11 号→韩尚洙刺绣博物馆→嘉会民画工坊→北村生活史博物馆"悠久的香气"→安国洞尹潽善家→安国站

北村韩屋村景点分布示意图

旅游资讯

🏠 首尔市龙中区笔洞
2街84-1号
📞 02-22644412
🚗 乘坐地铁3号线在忠武路站下，从3号或4号出口出来步行约5分钟即到；乘0013、0211、104、105、263、371、400、604、7011路汽车，在退溪三街极东大厦前下车
🕐 4～10月09:00～21:00；11月至次年3月09:00～21:00；每周二休息
@ hanokmaeul.or.kr

南山谷韩屋村（Namsangol Hanok Village）

位于首尔的名山南山笔洞地区。笔洞又称为青鹤洞，因常年有青鹤栖息在此而得名。笔洞南山北侧，便是象征着韩国传统文化之集大成的南山谷韩屋村，具体再现了与中国或日本建筑风格不同的韩屋形状结构。另外，南山谷韩屋村的房屋可以参观欣赏，而且经常举办各种各样的活动，所以这里成了体验韩国传统文化的最佳旅行地之一。

不要门票也能 High

　　1. 南山谷韩屋村复原了5栋传统的韩式房屋，从士大夫到平民家庭的生活场所应有尽有，传统庭院配有亭子与莲花池，能充分体验到古代韩国各个阶级之间的差异。同时，屋内摆设有家具等生活配置，仿佛依旧有人住在这里，走在韩屋之中，欣赏它的房屋结构、家具配置，能真切地体验韩国先祖的生活方式。同时，韩屋村常年举行戏剧、休闲游戏与跳舞表演等，游客常常置身其中，亲身体验多姿多彩的韩国传统文化。

　　2. 北村韩屋村和南山谷韩屋村最大的不同之处在于一个是住宅区，一个是旅游景点。北村具有浓厚的生活气息，大片的韩屋住宅散发着浓郁地异国情调，居民们为韩屋的打扮也让其充满了生机与活力，带给游客一种惬意的享受。而南山谷韩屋村作为一个旅游景点，向游客展示的就是韩国最正宗的传统文化，庭院、住宅、街道、活动，每一处都是对历史的再现。来这里玩，能切身感受多姿多彩的韩国传统文化的魅力。

奥林匹克公园（**Olympic Park**）是为 1988 年首尔夏季奥运会而建的，现成为集体育、文化、艺术、历史、教育、休闲等多种活动于一身的综合公园。共分为三大主题公园，为首尔市民带来了多样文化娱乐活动。赛场四周还有喷水池和小湖，以及可以进行民俗表演的大草坪，是首尔市民休闲娱乐的好去处。

Part1 首尔
首尔市区

13

·**奥林匹克公园**·

旅游资讯

🏠 首尔市松坡区五轮洞 88 号
📞 02-4101600
🚇 乘坐地铁 5 号线在奥林匹克公园站下即到
🕐 05:00～22:00
@ olympicpark.co.kr

🟪 不要门票也能 High

1. 在赛场周围的大草坪上陈列着 200 余件雕塑作品，这些雕塑作品是 67 位艺术家为了纪念第 24 届奥运会而赠送的，其中尤以塞以加乐（法国）的《拇指》、比欧利（比利时）的《流动的喷泉》最引人瞩目，喜欢雕塑艺术的朋友千万不要错过。

2. 奥林匹克公园内共有三大主题公园，第一个是由散步慢跑路线、健康按摩路、单排旱冰、X 游戏赛场等组成的健康奥林匹克公园；第二个是由梦村历史馆、梦村土城、和平的圣地、雕塑公园、奥林匹克美术馆组成的；第三个是奥运会吉祥物小老虎观光列车、音乐喷泉、拍摄婚纱照、活动广场等组成的有趣的奥林匹克公园。三大公园各具特色，令人流连忘返。

14
·仁寺洞·

旅游资讯

🏠 首尔市钟路区仁寺
洞街 62 号

📞 02-7340222

🚌 乘坐地铁 1 号线
在钟阁站下车，步行
5 分钟；或乘地铁 3
号线在安国站下车，
步行 5 分钟

@ www.insainfo.
or.kr

仁寺洞（**Insa-dong**）是韩国买卖文化商品的文化街，在仁寺洞可以买到古代美术品、各种现代美术品、韩服、陶瓷器、各种工艺品和其他的旅游纪念品。仁寺洞在朝鲜时代是官府和贵族居住的地方，至今仍保存着原汁原味的古韵，许多韩国本土的传统工艺技法都在这里得以保存，其对韩国传统文化的传承起到了至关重要的作用。

🔲 不要门票也能 High

1. 仁寺洞的产品在韩国广受年轻人和中年人的欢迎，其中最有名的，被称作仁寺洞命脉的便是画廊。这里聚集着 100 多家画廊，游客可以在此欣赏韩国画、版画、雕刻等各种展览，艺术气息浓厚。

2. 仁寺洞每周日 10:00 ~ 22:00 是"无车之街"，这一天不但现有的店会营业，街上还有许多传统展览和表演，热闹非凡，游客会在这个时候前来观赏热闹的活动，吃上一口街边卖的麦芽糖和传统的葱煎饼，挑选各具特色的古董，体验着韩国传统工艺所带来的艺术享受。

15
·奉恩寺·

旅游资讯

🏠 首尔市江南区三成
洞 73

📞 02-32184827

🚌 乘坐地铁 9 号线
在奉恩寺站 1 号出口
出，步行 2 分钟

🕐 04:00 ~ 22:00

@ bongeunsa.org

奉恩寺（**Bongeunsa Temple**）是韩国佛教中最大宗派曹溪宗的传统寺院。奉恩寺始建于公元 794 年，至今已有 1200 多年的历史，寺内有真如门、法王楼、大雄殿、板殿等。地处江南市区的奉恩寺，周边围绕着现代化的高楼大厦，使它格外显眼。除深夜外，寺院一年四季都开放，吸引了不少佛教信徒与观光游客。

不要门票也能 High

奉恩寺佛像庄严，景色优美，两者浑然一体，庄重而又闲雅。悠然散步于寺内，感受佛教清净的氛围，四周还有韩国传统特色建筑。江南区作为韩国的"富人区"，有着数不清的高楼与行色匆匆的人群，而奉恩寺宁静祥和的氛围好似繁华都市中的一抹青绿。游客如果想要远离城市中的喧嚣与嘈杂，不妨来到此地，感受不一样的韩国首尔。

梨花壁画村（**Ihwa Mural Village**）起源于由60多名艺术家参与的骆山计划，这个计划能通过绘制壁画以及设置公共装饰艺术而给社区居民带来小小的幸福感。壁画村因在韩国综艺节目和韩剧中多次出现而走红，现已成为游客最喜爱的景点之一。而且每过一段时间，艺术家都会创作新的壁画，所以人们每次去都会有不一样的发现。

Part1 首尔
首尔市区

16
·梨花壁画村·

旅游资讯

🏠 首尔市钟路区梨花洞
📞 02-21481856
🚌 乘坐地铁4号线在惠化站2号出口出，步行10分钟
@ tour.jongno.go.kr

不要门票也能 High

原本的灰墙被涂上了色彩，使整个村落显得格外鲜艳，整个人不自觉地便兴奋起来。许多壁画更是创意满满，把阶梯落差或者墙壁上原来的裂痕融入到壁画当中，使其成为其中的一份子，既有新意又颇具趣味性，60多名艺术家的努力赋予了这个原本贫瘠的村落新的意义，所谓幸福，不过就是这般滋味。

Part1 首尔
首尔市区

17

·骆山公园·

旅游资讯

🏠 首尔市钟路区骆山
路 54 号
📞 02-74379856
🚌 乘坐地铁 4 号线
在惠化站 2 号出口出
@ parks.seoul.go.kr

因为《巴黎恋人》《该隐与亚伯》《火鸟》等众多电视剧的火热，**骆山公园**（**Naksan Park**）成为了首尔新兴的观光景点。而其魅力之处，便是它无与伦比的迷人视野。骆山公园海拔 125 米，游客登上山后可以俯瞰整座城市，风景独特，夜景尤为美丽。

因其与巴黎的蒙马特高地拥有同样高度的海拔，以及两者都处在具有浓郁文化气息的街区，所以骆山公园也有"首尔的蒙马特"之称。

云岘宫（**Unhyeongung Royal Residence**）是著名的朝鲜末期改革派政治家兴宣大院君的私邸。云岘宫的建筑虽然外观简单，但保存完好，从中可以看出那个时期上流阶层居住空间的基本形态。宫内每年 4 月和 9 月会举行高宗和明成皇后的王室婚礼再现仪式"嘉礼"，也经常会举办如国乐表演这样的传统演出，是一处可以轻松接触历史文化的旅游景点。

Part1 首尔
首尔市区

18

·云岘宫·

旅游资讯

🏠 首尔市钟路区
三一大路 464
📞 02-7669090
🚌 乘坐地铁 3 号线
在安国站 4 号出口出
@ www.unhyeongu
ng.or.kr

南山公园（**Namsan Park**）是首尔的象征。虽然海拔不高，但是由于它地处首尔市中心，所以登上山顶可以俯瞰整个首尔的美丽景致，是首尔市民钟爱的休息场所。同时山顶还耸立着高236米的首尔塔，与63大厦同为首尔市的标志。除了首尔塔，南山公园还有八角亭、海洋水族馆、喷水池、植物园和南山图书馆等地，景点非常丰富。

Part1 首尔
首尔市区

19

·**南山公园**·

旅游资讯

🏠 首尔市中区三一大路231号

📞 02-37835900

🚐 乘坐地铁4号线在会贤站或明洞站下车，步行前往

@ parks.seoul.go.kr

🌸 不要门票也能 High

南山公园一年四季风景都非常美丽，樱花盛开和赏红叶的时节让这里变得更加热闹。此外，南山脚下有长达7公里的散步道，沿途种着樱花、迎春、木莲、杜鹃等各种花木，每到春天，百花齐放，煞是好看。

旅游资讯

🏠 首尔市钟路区惠化洞
📞 02-21481812
🚌 乘坐地铁4号线在惠化站下车
@ jongno.go.kr

大学路（**Daehangno Street**）是以原首尔大学文理大学院旧址为中心所形成的一条年轻的马路，相对街道本身的名称而言，这里的表演文化和青春气息更为人所知。大学路每天都会有许多戏剧、话剧和现场表演，你可以找一家别致的咖啡馆或者酒吧进去坐一会，欣赏一场生动的演出。许多艺人在成名之前都曾来此锻炼演技，即使成名之后也有不少人回来演一场戏，以此来重温那些奋斗的青春时光。

梨花女子大学（**Ewha Womans University**）成立于1886年，原名"梨花学堂"，被公认为"亚洲最好的女子大学"之一，至今校内还保留着许多古老的建筑。欧式风格的建筑很典雅，尤其是壮观的下沉式教堂。春夏秋冬，梨花女子大学各有其独特的美丽，再加上浓厚的学院氛围，梨花女子大学成为了首尔一道独特的靓丽风景线。

旅游资讯

🏠 首尔市西大门区梨花女大路52号
📞 02-32772114
🚌 乘坐地铁2号线在梨大站2、3号出口出，步行约200米
@ www.ewha.ac.kr

不要门票也能 High

1. 梨花女子大学的美丽是其独有的，到处可见的是精致的欧式建筑和充满现代感的艺术学堂，大片的园林给这片土地染上了绿色，显得生机盎然。碧绿的爬山虎沿着灰黄的墙壁爬行，门前的大树郁郁葱葱，风吹过来，树叶沙沙作响，树荫下坐着一个拿着课本的女孩，树影斑驳之中神色淡然，几个同学路过，轻轻地拍了她一下，银铃般的笑声便回荡在校园之中。

2. 梨花女子大学门前是一条学生购物街，里面有各种各样的特色小吃以及在女生之间流行的新奇首饰，如果想要了解韩国年轻一代的潮流，不妨到这条街上逛一下。

清溪川（Cheonggyecheon Stream）是首尔市中心的一条河流，清澈明亮，不时还有游客将脚放入水中，但你可能想不到，原来的清溪川只是一条臭水沟。直到 2002 年，首尔市政府决定治理清溪川，就连原来修建在其上的高架桥也都被拆除，竣工之时两岸聚集了 20 多万名民众，所以清溪川其实是首尔市民环保决心的一个证明。

不要门票也能 High

1. 如今的清溪川每天都有很多的市民聚集在此，每到夜晚，清溪川在各种灯光的装饰下与两旁的高楼大厦交相呼应，展现出一种别样的美。

2. 如果你以为清溪川原来是一条臭水沟，经过治理也不会有太大改善的话，那你见到它后，一定会大吃一惊，整条河水清澈见底，没有任何污染，而且水里还有许多活蹦乱跳的小鱼。站在清溪川旁边，的确会不由自主地发出赞叹声。

永丰文库（Youngpoong Bookstore）是韩国有名的以书店为主的综合文化空间。其位于永丰大厦地下，面积非常大，共有图书约 250 万册，每天都有许多人到这里购买喜欢的图书。地下二层配有咖啡馆和快餐店，当你买到喜欢的书以后坐在咖啡馆里边看书边喝咖啡会很惬意，喜爱读书的朋友一定不要错过。

Part1 首尔
首尔市区

22
·清溪川·

旅游资讯

🏠 首尔市中区太平路 1 街－城东区新踏铁桥

📞 02-22907111

🚌 乘坐地铁 1 号线或 2 号线在市厅站 4 号出口出；或乘坐地铁 5 号线在光化门站 5 号出口出即到

@ www.cheonggyecheon.or.kr

Part1 首尔
首尔市区

23
·永丰文库·

旅游资讯

🏠 首尔市钟路区瑞麟洞 33 号永丰大厦

📞 02-3995600

🚌 乘坐地铁 1 号线在钟阁站 5、6 号出口出

@ www.ypbooks.co.kr

零元游首尔周边

1

·龙湫溪谷·

旅游资讯

🏠 京畿道加平郡加平
邑升安里 628-3 号

🚗 乘坐地铁京春线
在加平站下，出来后
乘坐 33-35 路公交车
在调玉洞车站下车

@ www.ggtour.or.kr

龙湫溪谷〔**Yongchu Waterfall**〕距离首尔市区较近，因其人气、风景等多种因素，成为了加平最具有代表性的溪谷。龙湫溪谷长约 10 公里，水质极为干净，溪水清澈，树木翠绿怡人，两者相映成景，每到夏天都会有大批的游客前来此处避暑度假。

🟪 不要门票也能 High

龙湫溪谷堪称加平八大景之一。树林郁郁葱葱，小溪在岩壁和山脊之间迂回流淌着，清澈的水面倒映着树影，翠绿通透。附近有许多天然的游泳池，夏天前来，在清凉的溪水中畅游一番，很是享受。

荷花主题公园（Lotus Park）面积达到 18 万平方米，公园内约有 20 个品种的荷花和 80 余种睡莲。每当夏季来临，荷花盛开，煞是好看。许多市民也会在这个季节来到此地，欣赏满塘盛开的荷花。

不要门票也能 High

1. 公园中心有一个被称为"官谷地"的古迹，与荷花有着很深的渊源。在朝鲜时代，农学家姜希孟作为使臣被派往中国的明朝，并从中国带回了荷花种子栽培于此，才形成了如今的"官谷地"，这也是韩国荷花的首次栽培地。

2. 荷花主题公园的开放时间是 07：00 ～ 21：00。荷花在每年 7 月末至 10 月初开放，这段期间每天 09：00 ～ 14：00 是最佳的观赏时间，因为下午的荷花会变回花苞状态。园内千万朵荷花竞相开放，煞是好看，如果想要去此地游玩，记得一定要安排好时间。

卧牛精舍（Wawoojongsa Temple）始建于 1970 年，是韩国涅槃宗的总寺。寺内存有佛像 3000 余座，其中以用檀香木雕刻而成的木制卧佛最为有名，佛头高 8 米，位于庙堂门口，游客进入寺内之前便可感受到寺庙的神圣之气。同时，卧牛精舍还供奉着三宝和从佛教圣地带回的石头所垒砌而成的石塔，吸引很多人前来参观。

不要门票也能 High

卧牛精舍除了神圣的佛像、石塔外，其风景也非常优美。大大小小的佛像，或立于精致的佛台之上，或藏在道路两旁的树洞之中，形态各异，很是有趣。寺内植被众多，灰白的佛像旁簇拥着各种各样的树木，构成了一幅庄严而又灵动的画卷。

Part1 首尔
首尔周边

2 ·荷花主题公园·

旅游资讯

🏠 京畿道始兴市下中洞 271

📞 031-3106221

🚌 乘坐地铁 1 号线在素砂站 1 号出口出，再转乘 63 路市内巴士在东亚公寓下车后步行 15 分钟

@ lotus.siheung.go.kr

Part1 首尔
首尔周边

3 ·卧牛精舍·

旅游资讯

🏠 京畿道龙仁市处仁区海谷路 25-15 号

🚌 乘坐地铁 9 号线在新论岘站 6 号出口出，换乘 5002 长途大巴到达龙仁长途客运站，换成 10-4 号公交车在卧牛精舍站下

📞 031-3322472

@ www.wawoo-temple.org

4
·南汉山城·

旅游资讯

🏠 京畿道广州市南汉山城面山城里 731

🚌 乘坐地铁 8 号线在山城站2号出口出，乘坐 9 路公交车到终点站下车

📞 031-7436610

@ www.namhansansung.or.kr

南汉山城（**Namhansanseong Provincial Park**）在古代是保护首尔的要塞，至今已存在了数百年之久，是韩国的世界文化遗产，周边有许多百济时期的历史遗迹。南汉山城海拔 500 米，周长 9 公里，由 4 个门、5 个瓮城和 16 个暗门构成，有很强的防卫能力。同时，南汉山城景色优美，是许多韩国民众登山的不二之选。

■ 不要门票也能 High

南汉山城地处首尔近郊，位于京畿道道立公园内，主城建于清凉山上，城墙连接了东西南北的山脉。登上南汉山城，繁茂的树林，古老的台阶，辉煌的建筑，都让你的心神为之荡漾。

·首尔→仁川

仁川（**Inchon**）全名为仁川广域市，是韩国第二大港口城市。仁川与首尔相邻，并且与首尔之间有首都圈电铁联接，每天都有大量乘客往返于两地，形成了一个共同的经济圈。同时，仁川作为美丽的沿海城市，其旅游资源同样丰富，自由公园、中国城、仁川大学、乙旺里海水浴场等都是人气很高的免费景点。

■ 前往仁川

从首尔到仁川可以直接乘坐地铁前往，乘坐 1 号线、仁川 1 号线、水仁线等均可到达。

自由公园（**Jayu Park**）是韩国最早的西式公园，原名"万国公园"。公园内设有美国麦克阿瑟将军的铜像。在公园里，你可以看到周边的山景、山脚下的中国城和美丽的仁川港，是仁川市民非常喜欢的休闲之地。

不要门票也能 High

　　自由公园历史悠久，园中树木郁郁葱葱，花草茂盛，一年四季景色各不相同。每年春天樱花盛开时，是公园人气最旺的时候，浪漫甜蜜的气氛吸引了许多游客到此来一饱眼福。

中国城（**Chinatown**）是游览仁川必去的景点之一。1883 年仁川港开埠，许多的华人聚居于此，慢慢演变成为了现在的中国城。以前的中国城以销售中国产品的商店居多，现在大都是中国料理，虽然这里中国传统文化气息已经淡泊，但许多颇具中华特色的建筑依然存在，而且中华料理的味道非常正宗。

Part1 首尔
首尔周边

1
·自由公园·

旅游资讯

🏠 仁川市中区应峰山
📞 032-7607597
🚌 乘地铁 1 号线在仁川站或东仁川站下车，步行可到
@ eng.icjg.go.kr

Part1 首尔
首尔周边

2
·中国城·

旅游资讯

🏠 仁川市中区善邻洞
📞 032-8102851
🚌 乘坐地铁 1 号在仁川站下车，步行 2 分钟即到
@ www.ichinatown. or.kr

Part1 首尔
首尔周边

3

·乙旺里海水浴场·

旅游资讯

🏠 仁川市中区乙旺洞

📞 032-7464112

🚌 乘地铁1号线在仁川站下车后，乘坐2、15、23、45、51、101或550路巴士到达月尾岛，转乘开往永宗岛的客船，到达永宗岛后，乘坐开往龙游的巴士即到

@ www.icjg.go.kr

Part1 首尔
首尔周边

4

·仁川大学·

旅游资讯

🏠 仁川市延寿区学院路（松岛洞）119号

📞 032-8359571

🚌 乘坐地铁仁川1号线到仁川大学站下车后，步行20分钟即到

@ www.incheon.ac.kr

乙旺里海水浴场（Eurwangni Beach）是仁川人气很高的海水浴场，有将近700米的半月形长沙滩。海水浴场位于龙游岛上，需要乘船前往。沙滩四周簇拥着碧绿的松树，配上奇峻的岩石，景色壮观。

傍晚时分的乙旺里海水浴场也十分的美丽，在金色夕阳的照耀下，整个海水浴场充满了浪漫的气氛。而且海水浴场周围还配有非常完善且实惠的便利设施，给游客提供了很多方便。

仁川大学（Incheon National University）是韩剧《来自星星的你》的拍摄地之一，剧中都教授就是在这里授课教学的。仁川大学是韩国最好的学校之一，曾被评为"最优秀国策大学"。校园内环境优美，植被众多，而且非常洁净，校内许多教学楼建筑风格非常独特。漫步在清爽的仁川大学内，感受浓郁地学院气氛，回味剧中场景，是一份不错的体验。

·首尔→坡州

坡州（**Paju**）位于首尔的北方，距首尔仅 40 公里，车程 1 小时左右，交通很方便。坡州地处南北分界线附近，旅游资源丰富，有许多的历史遗迹和特色景点。这里可感受和平可贵的临津阁、艺术氛围浓厚的 Heyri 艺术村、奇幻美丽的普罗旺斯村等，这些都是既有人气又无需门票的旅游好去处。

前往坡州

乘坐地铁京义中央线可以直达坡州，也可以从首尔市区乘坐巴士，约 1 小时 20 分钟。

临津阁（**Imjingak Resort**）修建于 1972 年，最初是为了背井离乡的朝鲜人而建，是祈愿韩半岛统一的安保旅游景点。临津阁分为地下 1 层和地上 3 层，汇集着朝鲜纪念馆、各种纪念碑和统一公园等建筑，陈列了战争中使用过的坦克、飞机等 12 种军事装备，还经常举办各种和平祈祷活动。京畿和平中心也位于此地，与临津阁一同提醒着人们要认清和平与爱护环境的重要性。

Part1 首尔
首尔周边

1

·临津阁·

旅游资讯

🏠 坡州市汶山邑临津阁路 148—53

📞 031—9534744

🚌 在坡州市汶山邑的汶山郊区汽车站乘坐开往临津阁的 94 路市内巴士

@ tour.paju.go.kr

不要门票也能 High

临津阁是朝韩双方进行交流最频繁的地方，由于它不需要板门店那样复杂的参观手续，因而成为了广大游客的最喜爱的京畿道景点之一。

2

·Heyri 艺术村·

旅游资讯

🏠 坡州市碳县面 Heyri 艺术村路 70-21 号

📞 031-9468551

🚐 乘地铁 2 号线在合井站 1、2 号出口出，转乘 200 路或者 2200 路公交车在终点站 Heyri 艺术村下车即可

@ www.heyri.net

3

·普罗旺斯村·

旅游资讯

🏠 坡州市炭县面城洞里 82-1

📞 031-16448044

🚐 乘坐地铁 2 号线在合井站 2 号出口，转乘 2200 路巴士在城东十字路口下车，步行 10 分钟即到

@ www.provence.co.kr

Heyri 艺术村（**Heyri Art valley**）是一座韩国作家、音乐家、电影人士、画家等多领域艺术家聚居的文化村。村子除了一般的住所外，还有许多文艺工作者的工作室、美术馆、博览馆等，形成了一个多领域创作、展示、交流的平台。至今，Heyri 艺术村内有博物馆、展览馆、音乐厅、书店等共 40 多座艺术功能建筑。此外，艺术村内还有 10 多家咖啡厅和餐馆，是来此参观地最佳休息地。

不要门票也能 High

　　Heyri 艺术村的建筑最大程度地保存了自然地形，是由专业的建筑设计师，按照不同艺术领域的氛围设计建造而成。或奇特，或新鲜，无一不透露着浓浓的艺术感。来这里散步，看一看艺术建筑，欣赏一下艺术作品是一种不错的体验。

普罗旺斯村（**Provence Village**）是一个以法国的普罗旺斯为主题的童话公园。这里的自然景观就像美丽的普罗旺斯一样，一幢幢色彩鲜艳、鳞次栉比的小屋，周围环绕着葱郁的花草树木，美丽的花草和别致的建筑交相辉映，充满了梦幻色彩，吸引着很多年轻的情侣来此约会。

不要门票也能 High

　　普罗旺斯村的营业时间为 11:00 ～ 22:00，里面有许多的特色小店，店内物品关于美食、生活、植物、时尚等方面均有涉及。雨后的普罗旺斯村清澈明亮，小屋被披上了一层透明的外衣，好像一幅美丽的油画。

花石亭是韩国著名的文人墨客聚集地，韩国儒学大家粟谷先生李珥辞官之后，将余生留在了这里，与弟子一同研习学问，这里也因此而成名。如今的花石亭是后人集资而建，正中央挂有带着朴正熙总统亲笔所书"花石亭"牌匾。这里是感受韩国文人墨客风采的好去处，值得一游。

Part1首尔
首尔周边

4

·花石亭·

不要门票也能 High

粟谷先生李珥是朝鲜中期著名的哲学家和思想家，也是"实学"的创始人，对韩国乃至亚洲儒学文化的发展有着深远的影响。韩国人民为了纪念他，将他的头像印在了 5000 韩元纸币上。如果你想要感受一下这位儒学大家的风采，那花石亭就是你必去的地方之一。

旅游资讯

🏠 坡州市坡平面花石亭路 152–72 号
📞 031–9534744
🚌 乘坐 92 路公交车在粟谷 2 里站下车，步行前往
@ tour.paju.go.kr

·首尔→盆塘

盆塘（**Bundang**）在韩国享有"天堂之下是盆塘"的美誉，优质的生活加上美丽的自然环境，使这里成为了广受欢迎的高级住宅区与商业区。此

前往盆塘

从首尔到盆塘可以乘坐地铁盆唐线和新盆唐线，非常方便。

外，还建有直通首尔江南地区的地铁。盆唐马路宽阔，车辆稀少，路边开设有各式各样的咖啡厅和餐馆，道旁碧绿繁密的参天大树也让这个地方更加美丽，是一个散步休闲、感受慵懒氛围的绝佳之地。

Part1 首尔
首尔周边

1

·盆唐亭子洞咖啡厅街·

旅游资讯

🏠 城南市盆唐区亭子洞
📞 031-7292993
🚌 乘坐地铁盆唐线在亭子站下车，步行即到
@ www.seongnam.go.kr

盆唐亭子洞咖啡厅街（Bundang Jeongja-dong Cafe Street）如同首尔的"清潭洞"一般，具有高贵奢华的气氛，是休闲散步的好去处。咖啡厅街干净整洁，路旁摆着翠绿的盆栽，许多下班后的年轻人坐在露天咖啡厅中，在树荫下静静地喝着咖啡，享受着属于他们的悠闲时光。

Part1 首尔
首尔周边

2

·书岘洞Rodeo 大街·

旅游资讯

🏠 城南市盆唐区书岘洞
📞 031-9151104
🚌 乘坐地铁盆唐线在书岘站5、6号出口出

书岘洞 Rodeo 大街（Seohyeon-dong Rodeo Street）是盆塘购物、散步的好地方，街道两旁开设有露天咖啡屋、书吧、漫画屋、桌游吧、各种小吃店等休闲小店。大街中央还建有三星 PLAZA 购物中心，是集休闲、购物、美食、娱乐于一体的多元化空间，吸引了许多韩国民众前来游玩。

牡丹市场（**Peony Market**）是京畿道地区规模最大的民俗市场之一，开设于1974年，是每5天举办一次的传统市场。牡丹市场共有1500多个摊位，大多是用简易帐篷搭建而成，可细分为杂货、服装、果蔬等多个区域，还设有餐饮区和演出区域，用来给来往的游客提供饮食以及举办各种活动。牡丹市场散发着浓郁的生活气息，来此购物绝对是一种难得的体验。

Part1 首尔
首尔周边

3

·牡丹市场·

旅游资讯

🏠 城南市中院区城南洞 4190

📞 031-7219905

🚗 乘坐地铁盆唐线在牡丹站5号出口出，步行1分钟

@ moranjang.com

不要门票也能 High

1. 牡丹市场的开放时间是 09:00 ~ 19:00；

2. 牡丹市场有三大特色是不能错过的，一是鲜活的家禽和宠物市场，在这里一般都将肉类进行处理，传统市场是很难见到的；二是绚丽多彩的花卉区，售卖大大小小的家居植物，整个区域花香弥漫；三是特色的传统表演，在市场南侧的表演场地，许多民间艺人聚集在此，用传统乐器来忘我地演奏，吸引着来往的游客驻足观看。

·首尔→抱川·

抱川市位于京畿道中东部，山清水秀，民风淳朴。抱川的旅游资源十分丰富，有纯净的山井湖、美丽的鸣声山，所以，这里是欣赏自然风光的好地方。

前往抱川

抱川市距离首尔约42公里。从首尔到抱川市可以乘坐3003路大巴直达，车程约2个小时。

旅游资讯

🏠 抱川市北永面山亭
里 191 号
📞 031-5316103
🚗 在一东市场入口
乘坐 138-5 路公交车到
达万岁桥检查站；转乘
138-6 到韩华公寓式酒
店下车
@ www.pcs21.net

山井湖（**Pocheon Sanjeonghosu Lake**）是抱川市的代表性观光地，巍峨的两座山峰之间夹着一潭清澈的湖水，宛若人间仙境一般。山井湖的名字意为湖中的水如同井水一般纯净、清凉，周边又有群山环绕，好像一座天地之间自然形成的巨大湖井。在春秋季早晚时分，湖面上飘起薄薄水雾，可谓是绝景仙境，傍晚时分乘船漫游在湖中，惬意非凡。同时，山井湖周边伴有许多度假场所，包括当地独特的美食餐厅。

旅游资讯

🏠 抱川市二东面
📞 031-5383342
🚗 从云泉客运站搭
乘开往山井湖的 71
路市内公交车即到
@ pcs21.net

鸣声山（**Myeongseongsan Mountain**）景色优美，靠近山井湖，是韩国著名的国民观光地。鸣声山的山顶长满了紫芒，每年 10 月紫芒盛开的时候都会举行非常有名的"山井湖、鸣声山紫芒草庆典"，漫山遍野的紫芒草带给游人一种萧瑟之美。另外，鸣声山和山井湖之间还开了一条登山路，人们可在享受登山的同时，欣赏美丽的湖景，深受广大游客的欢迎。

首尔·旅游资讯

交通

✦飞机✦

首尔有两个机场，一个是仁川国际机场（Incheon International Airport），一个是金浦机场（Gimpo Airport）。

仁川国际机场是韩国规模最大的机场，主要运营国际航线。目前仁川国际机场只运行3条国内线路，分别为大邱、釜山和济州。每天有2次航班飞往大邱，7次航班飞往釜山，而济州每天平均有2次航班（周三、周四各一次），不过偶尔也会有变动。

自从仁川国际机场落成之后，金浦机场就转变成为主要运营韩国国内航线的重要航空枢纽。金浦机场运营有前往韩国国内各大城市的航班，方便乘客前往韩国各个区域。这里也有到东京羽田机场、大阪关西机场和上海虹桥机场的国际航班。

首尔各机场信息		
名称	仁川国际机场	金浦机场
地址	首尔市中区仁川机场路272号	首尔市江西区果海洞274号
电话	02-7735588	02-26602114
机场交通	一般列车：停靠10站到达首尔站，行程为50分钟左右 直达列车：从仁川国际机场直达首尔站，行程约43分钟，乘坐时需要在游客咨询中心购买"直达列车乘车券"，机场快线的车站在仁川国际机场地下1层的交通中心 机场巴士高速巴士：到达首尔主要的酒店，费用为14000～15000韩元 一般巴士：到达首尔市内各地区，费用为9000～10000韩元，可在机场1层的机场咨询处和机场巴士乘车券售票处询问并购买到车票 出租车：出租车的乘车点在机场1层的4～8号门对面，从仁川国际机场到首尔市中心，需要60000～100000韩元	出租车：可以在国内航线1号出租车乘车点乘车，普通出租车费用约为1900韩元，模范出租车费用约为4500韩元 地铁：金浦国际机场与首尔地铁5、9号线相连，10公里以内起步价为1150韩元，10～40公里，每5公里追加100韩元 公交车：金浦机场各个出口均有前往首尔各处的机场巴士、市外巴士和市内巴士，从航站楼1楼出来就是巴士乘坐点；开往贸易中心、蚕室、明洞、光化门等主要地区的巴士可在8号出站口门前的3、4、5号站点乘坐，费用为4000～7000韩元
网址	www.airport.kr	www.airport.co.kr

✦ 火车 ✦

首尔市区主要有 5 个火车站，其中首尔站、龙山站和永登浦站是 KTX 高速线路的火车站，另外两个是清凉里火车站和城北火车站。如果你想了解关于首尔铁路更多的信息，可以登录韩国铁道厅官网 www.korail.com 查询。

首尔各火车站信息				
火车站名称	电话	交通	列车路线	主要到达地
首尔站	02-31492509	地铁1、4号线	是京釜线的始发站，有发往韩国各地及部分湖南线上运行的列车	釜山、蔚山、庆州、大邱、大田、天安和水原
龙山站	02-37805408	地铁1、4号线	湖南线	木浦、光州、大田和天安
永登浦站	02-26393310	地铁1号线	长项线、京釜线、湖南线、全罗线列车（KTX除外）	平泽、顺天、丽水
清凉里站	02-32997114	地铁1号线	前往庆州的中央线、京春线、岭东太白线的部分列车	庆尚南道、江原道、江陵市、庆尚北道
城北火车站	02-9177445	地铁1号线	地铁1号线首尔近郊线路	春川站、清平站、加平站、江村站

✦ 长途汽车 ✦

首尔主要有 5 个长途汽车站：首尔高速汽车站、东首尔客运站、南部客运站、上凤客运站和新村汽车站。其中，首尔高速汽车站又被称作 Gangnam 和

Gyeongbu-Yeongdong 站，是所有车站中规模最大的，大多数线路开往东部（如釜山、大邱和大田）。首尔开往釜山、温阳、公州、庆州、扶余等主要观光区的高速汽车，大约每隔 10 分钟至 1 小时就有 1 班。从首尔到釜山的票价在 20000 韩元左右。除了节假日之外，一般没有必要提前买票。车站设有外国人售票窗口，里面的服务人员会说英语。

首尔各汽车站信息				
汽车站	英文名	电话	交通	主要到达城市
首尔高速汽车站	Seoul Express Bus Terminal	02-5366460	地铁 3 号线	釜山、大邱、大田、木浦、全州
东首尔客运站	Dong-Seoul Bus Terminal	02-4553161	地铁 2 号线	利川、仁川、保宁、天安、智异山国家公园
南部客运站	Nambu Bus Terminal	02-5218550	地铁 3 号线	首尔南部城镇（公州、天安、清州）
上凤客运站	Sangbong Bus Terminal	02-4352129	地铁 7 号线	首尔北方、东方的城市
新村汽车站	Sinchon Bus Terminal	02-3240611	地铁 2 号线	江华岛

市内交通

首尔市内有地铁、公交车、出租车、游船等交通工具。首尔的地铁系统非常完善，其路线覆盖到了首尔的各个角落，几乎每个景点，每一个著名的地方都有地铁到达。即使没有地铁，也有很方便的公交车到达。

首尔交通卡

除了地铁使用的一次性交通卡，首尔还有几种针对不同人群使用的交通卡。这些交通卡在公交车、地铁上都可以使用，你可以根据自己的需要选择合适的交通卡。注意，这些公交卡在上车下车时都需要刷卡。

T-Money

T-Money 是首尔最普遍的交通卡，可以在首尔市和京畿道地区的所有公交车和地铁上使用，有的出租车、便利店也可使用。使用这种卡时比现金更优惠，还可以减少每次换乘时买票的麻烦。这种卡可以在贴有 T-Money 卡标志的便利店及地铁站内买到。退卡时除去卡本身的价格和 500 韩元手续费外，余额都会还给游客。

M-Pass

M-Pass 卡是专为短期内在首尔旅行的国外游客准备的，此卡可使用于地铁 1～9 号线、仁川地铁、机场、铁路等，但 1 天内最多只能用 20 次。使用范围和办卡、退卡的地点也有些限制。发行种类有 1 日卡、2 日卡、5 日卡、7 日卡等 5 种。M-Pass 卡可在仁川国际机场 1 层 5 号、10 号出口前的首尔市旅游信息咨询中心购买。购买时需付保证金 4500 韩元，使用完后可在仁川国际机场的旅游信息咨询中心办理退卡手续，可退还除手续费 500 韩元外的保证金及余额。

Seoul City Pass

Seoul City Pass 也是适用于游客的一种公交卡。不分距离和交通工具，持该卡在 1 天内可以自由搭乘首尔地区的地铁和公交车，1 天限乘 20 次。另外，还可搭乘首尔城市观光巴士的宫殿路线及城市循环路线。

Seoul City Pass Plus

Seoul City Pass Plus 卡是将 Seoul City Pass 卡的功能进一步扩大的一种卡。持该卡除了可以自由乘坐公共交通工具外，还可享受文化、旅游、观览设施、饮食店、眼镜店、美容等相关行业不同程度的打折优惠。

地铁

首尔的地铁系统非常发达，贯穿首尔的各个角落，就连附近的京畿道一带也可以到达。首尔地铁分普通地铁和中央线两种。两者的区别在于，中央线速度很快，只在大站停靠，但是列车的间隔要等很久，所以很多时候乘坐普通地铁与中央线的时间是差不多的。

首尔每一地铁站都有中英文的名称标记。每站都有一个 3 位的阿拉伯数字的编号——以地铁线路号为首位数，自东向西或从北到南按次序给每个站一个编号。例如：地铁 1 号线是从"逍遥山站"到"仁川站"的，就从东到西方向为每站编号，"市政府站"编号是 132，"首尔站"编号是 133 等，每个站头均以"1"为首位数。这样乘客可以从一晃而过的车厢窗户中，迅速根据编号来判断自己到了哪个站。

地铁的运营时间因具体的线路而有些不同，一般为 05:00 ~ 24:00。如果错过了地铁就只能选择出租车了。具体的站别、地铁运营时间可以登录 www.traffic.visitkorea.or.kr 网站查询。地铁除了可以使用正常的公交车卡付费以外，还可以购买一次性交通卡（票价 + 保证金共 500 韩元），在地铁出口的机器上可以买到，退还卡时还将退还 500 韩元押金。

✦ 公交车 ✦

　　首尔的公交车路线比较清晰，常见的有黄、红、蓝、绿4种颜色，不同颜色的公交车运行的范围不同。就费用来说，首尔的公交车是按路程计价，10公里以内为基础费用，超出10公里之后每5公里追加100韩元。用T—Money卡会有一定的折扣，而且在五次换乘之内，每次换乘间隔不超过30分钟时，换乘免费。如果没有T—Money卡，可以使用现金购票。不换乘时，车费按以下标准收取。

首尔市内公交车类型及费用						
名称	说明	计费方式	费用（单位：韩元）			
			普通	12～17岁	5～11岁	5岁以下
蓝色公交车（干线公交）	连接了首尔市中心地区和郊外，公交线名路为3位数，车体为蓝色	交通卡	1050	1000	450	免费
		现金	1150	1000	450	免费
绿色公交车（支线公交）	在首尔的1个区域内运行，与蓝色公交或地铁路线相连，可以方便换乘，公交路线名为4位数，车体绿色	交通卡	1050	1000	450	免费
		现金	1150	1000	450	免费
小区巴士（支线公交）	是在有限范围内循环的小型公交车。车费比较便宜，公交线路为2位数，车体为绿色	交通卡	750	550	300	免费
		现金	850	550	300	免费
黄色公交车（循环公交）	是在首尔中心地区有限范围内循环的公交车。公交线路名为2位数，车体为黄色	交通卡	850	800	350	免费
		现金	950	800	350	免费
红色公交车（广域公交）	连接首尔和首都圈地区的高速公交，沿途停车站较少，公交路线名为4位数，车体为红色	交通卡	1850	1800	1200	免费
		现金	1950	1800	1200	免费

✦ 出租车 ✦

　　在首尔乘坐出租车非常方便，伸手就能拦到车。首尔的出租车有银色或白色的和车顶为橙色的出租车及黑色的模范出租车等车型。出行人或行李较多时，可以选用大型出租车，这种车最多可以乘坐8个人。在首尔，还有一种为了方便国外游客而专门设的国际出租车，车体橙色，还贴有首尔象征物"獬豸"的图标，这种出租车多实行预约制，可以提供英文或中文等服务。

坡州 月笼 金村 金陵 云井 炭岘一山 枫山
汶山
白马
谷山
大化 注莱 鼎钵山 马头 白石　花井 元堂 三松 纸杻
大谷　　　　旧摆扱　延新内
陵谷　　　　崕山　　瓮岩
幸信　　　鹰岩　碌磻 弘济 毋岳斋
花田　　塞折　驿村 佛光　独立门
水色
绘山
仁川国际机场　　数码媒体城 加佐 新村　西大门 光化门
机场港货物厅舍　开化 傍花　弘益大学　　　　　钟阁
云西　　开花山　世界杯体育场　梨花女 阿岘
黔岩　　桂阳 金浦机场 麻谷渡口 麻浦区厅　新村子大学 忠正路 儿岘　　市厅
橘岘　松亭 空港市场 新傍花 阳川乡校　西江大学　孔德 首尔站 首尔站
朴村　麻谷 钵山 加阳　望远　　　上水 广兴仓 大兴　　麻浦　　南管
桂山 林鹤　雨装山 曾米 合井　　　　　　汝矣渡口　孝昌公园　淑明女子大学
京仁教育大学 富川市厅 新中洞 禾谷 登村　国会议事堂　堂山 汝矣岛　汉流　龙山 三角地 缘莎坪
鹊岛　上洞 三山体育馆 喜鹊山 新亭 木洞 梧木桥 杨坪　永登浦区厅 大方 鹭梁津 新龙山
葛山　掘浦川 春衣 新亭十字路口 道林川 永登浦市场 新吉 龙山　二村
富平区厅 富川 鹊洞 富川综合运动场 阳川区厅 文来 新道林　鹭得 铜雀
富平市场 中洞 素砂 梧柳洞 开峰 九一 南九老 大林　黑石 上道
富平 松内 富开 站谷 温水 天旺 九老 加山数码园区 新丰 波拉梅 长丞拜基 崇实 南城大学
白云 东树 富平三岔路口 光明十字路口 铁山 秃山 九老数码园区 新大方三岔路口
钢岩 开五岔路口 国际业务园区 衿川区厅 新大方 新林 奉天 首尔大学 落星岱
间石 仁川市厅 中央公园 石水 冠岳 坪村 仁德院
朱安 艺术会馆 仁川大学 光明 安养 鸣鹤 凡溪 政府果川 果川 大公园厅舍
道禾 仁川客运站 知识情报园地 科技公园 大学城 东幕 衿井 军浦
济物浦 文鹤体育馆 仙鹤 新延寿 源仁庵 东春 山本 修理山 义王 华西 饼店
桃源 松岛 延寿 南洞产业园区 大夜味 半月 成均馆大学 水原 细柳 西东滩
东仁川 月串 苏莱浦口 仁川论岘 虎口浦 常缘树　　　　　　新昌 温间
仁川 鸟耳岛 正往 新吉温泉 安山 草芝 古栈 中央汉溪大学（安山）

道峰山　长岩　佳陵　杨州　东豆川中央
道峰　水落山　保山
放鹤　马得　东豆川
双门　卢原　上溪　堂岭　逍遥山
水踰　仓洞　鹿川　月溪　中溪
弥阿　城北　下溪　孔陵　花郎台烽火山
弥阿三岔路口　上月谷　石溪　泰陵　葛梅
吉音　月谷　多尔谷齐　新里门　墨谷　进溪院
高丽大学　安岩　外国语大学　中和　苍源
诚信女子大学　普门　回基　中浪上凤　忘忧　九里
汉城大学　昌信　祭基洞　清凉里　面牧　陶农
惠化　东大门　东庙　龙头　四佳亭　养正
景福宫　东大门历史文化公园　新设洞　龙马山　德沼
安国　上往十里　往十里　新踏　中谷　陶深　八堂
钟路三街　东堂　马场　踏十里　君子
钟路五街　新堂　杏堂　汉城大学　龙路　长汉坪　峨嵯山
乙支路入口　青丘　新金湖　寿岛　圣水　中谷　广渡口
乙支路三街　乙支路四街　东国大学　广峰　建国大学　儿童大公园
忠武路　药水　首尔林　堤岛游乐园　九宜
会贤　明洞　金湖　江边　千户
汉江镇　波堤岭　玉水　江东
梨泰院　汉南　狎鸥亭　岩寺
西冰库　旧盘浦　新盘浦　新沙　狎鸥亭　罗德奥　清潭　江东区厅　吉洞
梨水　蚕院　盘浦　论岘　鹤洞　江南区厅　蚕室渡口　通村洞
内方　高速巴士客运站　新论岘　彦州　宜靖陵　奉恩寺　梦村土城
舍堂　方背　瑞草　江南　宜陵　三成中央　新川　石村　奥林匹克公园
南泰岭　教育大学　驿三　三成　综合运动场　松坡　警察病院　芳荑　梧琴
立岩　南部客运站　梅峰　汉堤　大清　可乐市场　巨余　马川
赛马公园　良才　道谷　大峙　鹤滩　逸园　文井　开龙
九龙　丹岱五岔路口　新兴
良才市民　开浦河　大母山　水西　福井　长旨　山城　南汉山城　寿进
网浦　灵通　清明　清溪山入口　上葛　器兴　板桥　喜泉大　太平　牡丹　野塔
鸟山　振威　松炭　西井里芝制　新葛　驹城　二梅
洗马大学　鸟山　平泽　器奥　书岘
排芳　牙山　双龙　凤鸣　天安　斗井　成欢　稷山　宝亭　竹田　梧里　美金　亭子　薮内
春川　南春川　金裕贞　江村　白枫里　屈峰山　加平　上泉　清平
磨石　大成里　云言山　两水　新院　菊秀　我新　梳顶　杨坪　元德　龙门
上一洞　高德　明逸　曲桥

1　4　6　7　8　5　3

首尔出租车及费用

首尔市区中的出租车有定额车费制，如到仁川国际机场的费用，但一般多按照里程收费。有的出租车可以用 T-Money 交通卡和信用卡付款，这种车在车顶会有相关标示。一般来说，在市区中行驶的出租车按照以下标准计费。

首尔出租车收费详情		
类别	普通、国际出租车	模范、大型出租车
起步价	3000 韩元 /2 公里	5000 韩元 /3 公里
路程追加费用	100 韩元 /142 米	200 韩元 /164 米
时间追加费用	100 韩元 /35 秒	200 韩元 /39 秒
夜间费用	00:00～04:00、增加 20% 夜补费用	无

美食

首尔是一个名副其实的吃货的天堂，这里既有韩国传统的风味饮食，又有现代化的特色美食。这里的拌饭、泡菜、参鸡汤和烧烤，是每个游客必尝的美食。在东大门小吃一条街、明洞、梨大等地都可以见到出售各式小吃的棚子，一路逛下来，会让你无法停住情。首尔市内有非常多的餐馆，在一些便宜的餐馆吃饭，一顿像样的饭菜，包括配菜只需要花费 5000 韩元甚至更少（可以到百货商店的地下一层试试）。

首尔美食推荐

韩定食

韩定食又称韩国式客饭，它是沿袭了朝鲜时代宫中料理的传统风味。各式各样的小菜摆满桌面，除了泡菜以外，一般都不加辣椒粉。所有菜式的烹饪方法各不相同，有蒸、烤、烫、拌等多种，材料、调味、配色花样繁多。

石锅拌饭

韩式拌饭中最著名的就是石锅拌饭了。它是将黄豆芽、肉、鸡蛋、蕈菇类和各式野菜一起烹煮，并加以佐料盖在白米饭上，盛在滚烫的石碗内，再加上适量的辣椒酱后，搅拌即食。石碗内多种材料的味道相混合形成独特的风味，锅底的锅巴更是一绝。

参鸡汤

参鸡汤是韩国一道非常著名的菜肴。它用童子鸡，加上高丽参、黄芪、当归、枸杞、大枣、板栗、大蒜、糯米等数十种汉方药材精心炖制而成，口味清淡鲜美、营养价值极高。另外，还有骨黑而高药效的乌骨鸡的参鸡汤，你可在百济参鸡汤、高丽参鸡汤等参鸡汤专卖店内尝到。

韩国泡菜

家喻户晓的韩国泡菜，是韩国的一种传统饮食。韩国泡菜有点辣，韩国人通常和米饭一起食用。你可以尝尝用泡菜做的泡菜汤、泡菜饼以及泡菜炒饭等多种料理。近来新出现的泡菜比萨饼、泡菜汉堡包也很不错，值得一尝。

韩式烤肉

韩式烤肉以肉质的鲜美爽嫩而闻名，到了首尔不去品尝一下韩式烤肉将是旅行中的一大遗憾。韩式烤肉以韩国牛肉最为好吃，选用精选牛肉，再用韩国特质的酱料将肉腌制过，烤后的味道令人难以忘怀。据说，韩国的牛在生长时，要每天喝啤酒、听音乐，还要接受专门的按摩，因此肉质才那么好。

首尔美食集中地推荐

避马胡同小吃街

🏠 首尔市钟路区

🚗 乘坐地铁 5 号线在光化门站下车，从教保文库方向的出口出去之后步行，看到"欢迎来到避马胡同"的牌子即是

避马胡同小吃街是钟路附近小巷子的统称，是一条很平民的小吃街。小巷里有很多物美价廉的传统饮食店和民俗酒店，人们如果饿了，就到汤饭店里填饱肚子；渴了，就来上几碗传统浊酒。一些酒店，服务员会将牛肉、猪肉、鱼等放在木盘里陈列出来，客人要什么就直接放在火上现烤。这里的传统浊酒、烤鲭鱼和绿豆煎饼等都很有人气，特别受年轻人的欢迎。

奖忠洞猪脚街

🏠 首尔市中区奖忠洞奖忠坛路 176（奖忠洞 1 街）

🚗 乘坐地铁 3 号线至东大入口站 3 号出口出即是

奖忠洞猪脚街是首尔比较有名的小吃街。走在街上，你会发现招牌上大多写着"元祖""老奶奶店"等字样。随便走进一家猪脚店内，都能闻到诱人的香味。韩式卤猪脚比较有嚼劲，通常是将猪脚切片，放凉了之后，蘸虾酱直接吃，或用生菜或芝麻叶包起来吃。在韩国卤猪脚是一道下酒菜，因此猪脚店也有米饭和一些小菜或一些下酒用的韩式煎饼。

新堂洞炒年糕街

🏠 首尔中区贞洞

🚗 乘地铁 2 号线或 6 号线在新堂洞站下车，从 4 号口出去，往东大门运动场方向步行 300 米；或从 8 号口出去，往前走看到消防队左转进去约 100 米即到

新堂洞炒年糕街是一条专卖辣炒年糕的小街。走进炒年糕街，两旁都是炒年糕专门店，一家连着一家，多到令人不知如何选择。这里卖的炒年糕，除了用纯米粉揉成细长条状的年糕之外，还会放高丽菜丝及洋葱、芝麻叶等新鲜蔬菜，此外还可以根据个人喜好加上黑轮、白煮蛋、炸过的水饺、方便面等，通常上菜时都是满满一锅，放在小瓦斯炉上煮得咕滋咕滋响，令人口水直流。

新林洞香米肠街上的店铺规模各不相同，有窗明几净的大中型餐厅，也有几平米大小的简陋小店。不过无论规模多大，这里的店提供的菜量特别丰盛，价格也很便宜，吸引许多年轻人前来光顾。如果想要品尝鱿鱼米肠及阿巴依米肠等各种比较有特色的米肠，最好选择菜单较多的中大型店面。

👑 新林洞香米肠街

🏠 首尔市冠岳区奉天6洞

🚌 乘坐地铁2号线在新林洞站下，3号出口出，直行100米后右转，再走60米左右就是新林洞血肠街

■ 首尔美食餐厅推荐 ■ 🏅

👑 百济参鸡汤

🏠 首尔中区明洞2街50—11

📞 02-7762851

🚌 乘坐地铁4号线在明洞站下车，向高丽剧场方向，步行5分钟可到

百济参鸡汤（Baekje Samgyetang）是一家有40余年经营历史的参鸡汤专营店，在首尔非常受欢迎。来这里的顾客不仅包括韩国当地人，还有非常多的游客，很多都是慕名而去的。汤内的鸡里塞着糯米饭，一边喝着汤，一边吃着软糯的米饭，美味极了。

👑 土俗村参鸡汤

🏠 首尔市钟路区体府洞85—1号

📞 02-7377444

🚌 乘坐地铁3号线在景福宫站下，从2号口出，然后步行10分钟可到

土俗村参鸡汤位于青瓦台附近，是首尔市内无人不知的一家著名参鸡汤店。这里的参鸡汤内放有30多种韩药材，再加上店里的秘诀材料，味道可谓极品。这里的乌鸡汤味道非常好，且很营养，不过价格也有点小贵。当你在店内喝汤，店家还会送一杯人参酒。这酒可以直接喝，也可以倒入汤内喝。另外，这家店的烤鸡也是很不错的。

全州中央会馆

🏠 首尔市中区忠武路 1 街 24—11 号

📞 02-7763525

🚃 乘坐地铁 4 号线在明洞站下，从 5 号口出

@ www.joins21.com

　　石锅拌饭在大部分的韩国餐厅均可品尝到，不过最有名的还是属全州中央会馆了。现在明洞有两家全州中央会馆的分店，味道都不错。位于首尔市中区忠武路的这家店有 40 多年的经营历史了，其店内的陈设简单，但里面的石锅拌饭、海鲜饼真是非常好吃。

春川辣炒鸡排

🏠 首尔市西大门区沧川洞 57—8

📞 02-22639233

　　春川辣炒鸡排店是韩国最著名的小吃店之一，这里每天都是顾客盈门，人气超高。虽然这里的菜单都是韩文的，但大多服务员都会讲一点中文，所以你不用太担心点菜问题。这里最著名的菜是芝士辣炒鸡排，辣炒鸡排配上火腿、白菜、面条、年糕，最后淋上浓浓芝士，诱惑力十足。

凤雏炒鸡肉

🏠 首尔市中区明洞二街 33—9 号

📞 02-3186981

@ www.bongchu.com

　　凤雏炒鸡肉是一家很有名的美食店，很受年轻人的喜爱，特别是喜欢吃辣的年轻人。这里主要经营的是安东地区的风味美食——辣炒鸡肉。店里用鲜嫩的鸡肉做材料，配上安东秘制的香辣酱料，再加上土豆、胡萝卜等一起煮，让人光是看着就流口水，更别说吃起来了，赶紧去尝尝吧。

明洞饺子店

🏠 首尔市中区明洞 2 街 25—2

📞 02-776534

🕙 10:30 ～ 21:30

@ www.mdkj.co.kr

　　明洞饺子店开业于 1969 年，是一家老字号的韩国饺子店，这里每天都非常热闹，永远都是座无虚席。如果你想去的话就要早点，然后去等候座位。这里主要经营的是汤饺，然后配上汤面，汤头味道浓郁，而且分量十足，非常好吃。此外，还有蒸饺、馄饨手打面、黄豆汁面和韩式辣拌面，也值得尝尝。

住 宿

在首尔寻找住宿的地方是很容易的，这里从青年旅舍、家庭旅馆到精品酒店、星级酒店，再到豪华的大酒店应有尽有。其中，被观光协会认定为有资格接待游客的旅馆共约 280 多家，大多集中在首尔的江南地区（三星洞、明洞和奖忠洞一带）；而大众化的旅馆，可往市中心的江东一带寻找。在一些著名景点附近还有观光住宿，都是不错的选择。此外，首尔的一些商业区还为游客提供了方便的购物住宿地。

首尔经济型住宿地推荐			
名称	地址	电话	网址
篱笆旅馆	首尔市麻浦区白凡璐 2 街 24	02-7448000	www.sc-hostel.com
泡菜家庭旅馆	首尔市麻浦区延南洞 570-16	02-60826059	—
首尔背包客旅馆	首尔市中区南仓洞 205-125	02-36721972	www.seoulbackpackers.com
迷你甜心酒店	首尔市钟路区钟路 48 街 26-3	02-7442299	www.hoteldalkom.com
明洞酒店	首尔市中区会贤洞一街	02-62721101	www.ibis.ambatel.com
Maru 酒店	首尔市中区南大门路 25-13	02-7532555	www.guesthousemaru.co.kr
大宇旅馆	首尔市中区北仓洞	02-7558067	www.daewoo-inn.com
Y 酒店	首尔市麻浦区西江路 20 街 24	02-16611055	www.yhotel.co.kr
SUNBEE 酒店	首尔市钟路区宽勋洞	02-7303451	hotelsunbee.com
猫之酒店	首尔市钟路区乐园洞	02-7641233	—
钟路 biz 旅馆	首尔市钟路区乐园洞	02-7432001	—

首尔中高档住宿地推荐			
名称	地址	电话	网址
首尔威斯汀朝鲜酒店	首尔市中区小公路 106	02-7710500	www.echosunhotel.com
首尔广场酒店	首尔市中区小公路 119	02-771-2200	www.hoteltheplaza.com
总统酒店	首尔市中区乙支路 16	02-7533131	www.hotelpresident.co.kr
首尔 JW 万豪东大门广场酒店	首尔市钟路区清溪川路 279	02-22763000	jwmarriottdongdaemun.com
首尔雷克斯酒店	首尔市中区会贤洞 1 街	02-7523191	www.hotelrex.co.kr

购物

首尔购物场所类别

老式市场

老式市场指的是保留了韩国传统市场面貌的市场，销售者一般是在矮矮的1层建筑或者手推车里摆上商品叫卖。来到这种市场购物，人们不仅能够享受购物的乐趣，还可以随意吃到各种美味小吃，闲逛也别有一番情趣。不过，这种市场通常不收外币，所以最好事先准备好韩元。推荐场所南大门市场、东大门市场、仁寺洞、黄鹤洞跳蚤市场、京东药令市场。

百货商场

首尔有很多百货商场，一般是在消费最高的闹市，商品价格也很昂贵。不过，通常每个季节都会举办一次经济实惠的酬宾活动。在酬宾期间，平时价格很高的东西，也都会以比较优惠的价格销售。不过，如果你要在此时到首尔购物的话，要做好挨挤的准备。推荐场所狎欧亭洞、明洞、梨泰院。

免税店

首尔市区的第一流大饭店均有免税店，也有独立免税店和专门出售钻石珠宝等商品的专门免税店，机场内也设有可直接选购货品的韩国观光公社免税店。免税店采用"不二价"制，但可以任意使用信用卡、现金和旅行支票购物。

订制商品的商店

首尔的很多地方都可以订制商品，你可以到东大门市场的韩服店订制一套满意的韩服、短衣、长裙等，只需要付布料费15万～25万韩元、手工费6万韩元即可。皮夹克、皮裙等可在梨泰院订制。真丝衬衫的订制，包括布料，只需3万～10万韩元。

■ 首尔购物街区推荐 ■

明洞大街

明洞大街被称为韩国服饰流行的中心,聚集了各种各样的品牌专卖店、百货店、免税商店。在这里,你可以买到引领服饰潮流的各种服装、鞋帽、饰物等。不同于南大门和东大门,这里所有商品的质量都是上乘的,你可以放心购买。交通:乘坐地铁 2 号线在乙支路入口站下车,从 5 号出口出来。购物地:乐天百货店、新世界百货店、U2Zone 商厦、明洞米利奥商厦、AbaTar 商厦。

东大门

东大门以深夜购物者众多而闻名。每天晚上从各地涌来的批发零售商的车辆成为这里的一大景观。从华灯初上的那一刻开始,购物者便越聚越多,逐渐形成人头攒动、摩肩接踵的阵势。交通:乘地铁 1、4 号线在东大门站下车。购物地:Freya Town、Hello apM、Good Morning City、斗山塔、Designer's Club。

南大门

南大门位于首尔中区,经营服装、童装、日用杂货、厨房用品等多种多样的商品,既有韩国的土特产,也有进口商品,是韩国最大的综合性市场。南大门有市内店铺,也有各种路边摊。逛路边小摊是来南大门的一大乐趣,就算不买东西,光看也很有意思。交通:乘坐地铁 4 号线在 Hoehyun 站下,从 5 号口出。购物地:果蔬市场、南大门商店街、三益 SamikFashion Town、路边小摊。

梨泰院

梨泰院又名万国城,与韩国其他购物地不同,这里出售的商品以皮革品、首饰、体育用品、纪念品和土特产为主,所以逛这里的国外人会比较多。如果你想买毛皮制品,可在 4 ~ 8 月到梨泰院选购,在此期间你可以享受到 50% ~ 60% 的折扣。交通:乘坐地铁 8 号线在 630 梨泰院站下。购物地:汉密尔顿购物中心、甲富舍文井洞名牌折扣购物街。

文井洞名牌折扣购物街

这条街位于首尔市中心的蚕室附近，和其他的折扣卖场相比，这里空间相对比较大，名牌折扣店众多，其中以Polo、Bean Pole、Levi's、耐克、阿迪达斯、Puma等运动休闲品牌专卖店最为有名。大部分商品都以优惠20%～80%的价格销售，耐克的过季商品一般会优惠40%。尤其在5月和9月春秋换季期间，这里的商品会比平时有更多优惠。但这里不提供退货服务，因此在购物前最好深思熟虑，想好了再买。交通：乘坐地铁8号线在文井站下，从1号出口出。开放时间：10:00～21:30。

娱 乐

首尔不仅拥有无数购物地、众多的美食，还有非常多的娱乐场所。酒吧、夜总会、剧院、电影院等设施都非常完善，富于让人沉醉的情调，一定能让你玩得尽兴。

弘大乱打秀

🏠 首尔市麻浦区西桥洞357-4综合文化空间地下2楼及地下3楼

📞 02-7398288

🚌 乘地铁6号线出上水站11号口，步行10分钟即到；乘地铁2号线出弘大入口站9号口，步行5分钟即到

💲 VIP席6万韩元/人；S席5万韩元/人；A席4万韩元/人

首尔有一个特色表演场所，那就是弘大乱打秀。这里上演的是集哑剧、杂技、魔术、武术、民族舞蹈、现代舞、滑稽剧表演于一身的新型舞台剧。在舞台上，演员们用各种厨房用品，如铝锅、平底锅、碟子等作为打击器物敲打，利用传统打击乐的特别节奏，表演一个令人啼笑皆非的故事。此外，这里还有厨艺的比试，以及爱情插曲。

乐天世界艺术剧场

🏠 首尔市松坡区蚕室洞 40—1

📞 02-22663727

🚗 乘 2 号线地铁从蚕室站 4 号口出来后步行 10 分钟即到，乘 8 号线地铁从蚕室站 4 号口出来后步行 10 分钟即到

◎ 11:00 至次日 01:00

　　乐天世界艺术剧场是欣赏哑剧秀《爱上街舞男孩 (B—boy) 的芭蕾少女》的地方，该哑剧融汇了经典芭蕾、时尚劲舞、摇滚乐、嘻哈文化、魔幻惊悚等诸多艺术元素，讲述了街舞男孩与芭蕾舞女之间纯真的爱情。哑剧秀中最火爆的是时尚的韩国街舞，此舞蹈在欧美街舞基础上融入了非常鲜明的韩式风格，并且很大程度上融合了"Hip—Hop"街舞的风格，把年轻、自由、无拘无束演绎得淋漓尽致！

国立剧场

🏠 首尔市中区奖忠洞 2 街山 14—67

📞 02-22804114

🚗 乘地铁 2 号线从东大门历史文化公园驿站 8 号口出来后，乘 420 路公交车在国立剧场站下车

◎ 11:00 至次日 01:00

　　国立剧场是亚洲最早的国立剧场，也是韩国最具代表性的剧场，由日升剧场、月升剧场、星升剧场和露天的天空剧场组成。剧场下设国立剧团、国立唱剧团、国立舞蹈团、国立国乐管弦乐团这 4 个专业演出团体，常年上演特色浓郁的节目。

龙 SPA 汗蒸房

🏠 首尔市地铁龙山站附近

📞 02-7920003

🚌 乘地铁到龙山站下，从2号口出来下电梯进入铁道广场，往右手方向直走200米即可

🕐 24 小时

　　龙 SPA 汗蒸房是首尔最知名的大众汗蒸房之一，不管是在首尔市民中还是游客中，都有极高的知名度。这里的设施和装饰别具一格，中式、日式、欧式、印度风情、南美风情的装饰在这里都能看见。龙 SPA 有内光盐房、松木汗蒸房、传统炭窑、冰天雪地的石冰库等，以及有一个名为皇家兰花的按摩中心，提供足疗、经络指压等各式按摩服务。龙 SPA 在入口处有咨询台，提供中、日、英的翻译服务。

龙平滑雪场

🏠 江原道平昌郡大关岭面龙山里130

🚌 从首尔出发，可以乘专线巴士；也可乘车前往横溪，再转乘免费雪场专车前往，乘坐出租车从客运站至滑雪场约需10分钟

@ www.yongpyong.co.kr

　　龙平滑雪场（YongPyong Resort）又称龙平度假村（Dragon Valley），是韩国最著名的滑雪胜地。此滑雪场开放于1975年，不但是韩国第一家滑雪场，更因为拍摄过著名韩剧《冬季恋歌》而名噪天下。这里从11月至次年4月初都适宜滑雪。

●龙平滑雪场滑雪

Part 2 济州
无需门票，体验济州"心"玩法

1 ·济州庆典别错过·

济州岛的庆典活动有热闹非凡的济州野火节，也有娴静淡雅的济州大樱花节；有富有特色的七十里庆典，也有能吃到美味新鲜的生鱼片的最南端鲂鱼庆典。总之，多种多样的特色庆典一定会给你带来一场不一样的旅行。

济州庆典活动资讯				
名称	时间	地址	交通	简介
济州野火节	正月十五	济州市涯月邑凤城里晓星岳	从济州国际机场乘出租车或机场巴士前往活动地点约需25分钟	庆典有各种各样的祈愿活动及济州传统民俗体验活动，是一场全民同乐的盛典
济州大樱花节	4月初期	济州市典农路	从济州机场搭乘100路巴士到济州市外巴士客运站下车	美丽的大樱花盛开，给济州带来了一层浓郁的浪漫氛围
七十里庆典	10月中旬	西归浦市中山间东路8183街12	在济州国际机场乘坐600路机场大巴，在天地渊车站下车	庆典是以济州历史、传说和自然风情为主题的庆典活动
最南端鲂鱼庆典	11月	西归浦市大静邑下幕里	在济州国际机场乘坐95路公交车到大静邑站下车	是济州岛代表性的海洋文化庆典，可品尝美味新鲜的鲂鱼，也可以体验捕捞的乐趣

Part1 济州 济州市区

2· 免费资讯助你游 ·

在济州岛，不一定每个问询处都有中文服务。除了以下两个信息
咨询处外，你也可以直接拨打 02–1330，咨询韩国观光公社。除了咨询
处以外，你还可以登录《济州周刊》中文网站(www.jejuchina.net) 来
获取你想要的信息。

济州旅游咨询处信息				
名称	营业时间	地点	交通	电话
济州国际机场旅游咨询处	09:00 ~ 20:00	济州市机场路2号济州国际机场国际线1层入境大厅	乘坐市内巴士100、200、300、500、36、37路可到达	064–7420032（韩、英、中）
韩国旅游发展局中文旅游园区咨询处	09:00 ~ 18:00	西归浦市中文旅游路38号，中文旅游园区入口	乘坐机场大巴 600路可到达	064–7391330（韩、英、日、中）

Part1 济州 济州市区

3· 不要门票怎样能玩 High ·

不花 1 分钱游览济州的线路

牛岛：牛岛风景十分美丽，是韩国最受欢迎的小岛之一。许多韩国
综艺节目也曾在此拍摄

📱 乘坐 700 路环岛东线巴士到城山日出峰

城山日出峰：以日出美景而闻名，景色壮观，被称为济州第一景

📱 乘日出峰循环巴士到涉地岬

涉地岬：位于济州岛东部海岸的一端，景色秀美，曾是韩剧的拍摄地

零元游济州市区

1
·汉拿山·

旅游资讯

🏠 济州市海岸洞山
220-1 号

📞 064-7259950

🚌 可以在济州市外
长途汽车站或 516 国
道汽车站乘坐郊外汽
车，在城板岳入口下
车票价分别为 1700
韩元和 1900 韩元；
或从济州市外长途汽
车站乘坐开往奥利木
的郊外汽车，在奥利
木入口下车即可，票
价为 2200 韩元。

@ www.hallasan.go.kr

汉拿山（**Hallasan**）又称为瀛洲山，意思是高得可抓住银河，海拔 1950 米，是韩国最高的山峰，也是韩国三大名山之一，一年四季的景致也各不相同，在济州岛的任何地方都能看见。汉拿山以其从温带至寒带的垂直植物生态分布和丰富的动植物种类而闻名。登顶汉拿山有多条路线可以选择，在山顶上可以俯瞰周围的火山和远处的海景。可以说，汉拿山是人们到济州岛游玩必去的地方之一。

白鹿潭 在韩国意为"下凡的神仙"与白鹿游玩的地方，形成于 25000 年前的火山爆发。白鹿潭直径 500 米，位于汉拿山山顶，湖水清澈，微波不惊。从高空看就像汉拿山的眼睛一般，圣洁、明亮，散步在湖边，草木葱郁、百花齐放，加上远处延绵不断的高山，风景之美，不禁令人叫绝。

济州市

耽罗教育院

观音寺
露营地

8.7km/5小时

99

11
北济州郡

御乘生岳

御里牧入口
售票处
4.7km/2小时

北济州郡

耽罗溪谷

城板岳旅游咨询处

9.6km/4.5小时

四燕小山   四燕泉

金达莱花地

龙镇阁避难所

万岁小山

威势岳

白鹿潭

威势岳避难所

南济州郡

灵室休憩所
3.7km/1.5小时

99

11

汉拿山国立公园登山线路示意图

1. 登山需要一天的路线

城板岳路线

由城板岳至顶峰的路线，往返 19.2 公里，攀登需要 9 小时左右。该路线虽然是汉拿山 4 条登山路线中最长的，却没什么太大的坡度，相对容易登顶。但城板岳路线沿途没有提供饮用水的地方，需要你自行准备。

观音寺路线往返

由观音寺至顶峰的路线，往返 17.4 公里，攀登需要 10 小时左右。观音寺路线相对城板岳路线而言，台阶较多，坡度也较陡。游客可在海拔 1500 米、距顶峰 1.5 小时路程的龙镇阁获取饮用水。该路线虽称作观音寺路线，却并不始于寺庙，观音寺位于入口往东约 1.2 公里处。

2. 登山需要半天的路线

御里牧路线

由御里牧广场至威势岳的路线，往返 9.4 公里，攀登需要 4 小时左右。御里牧路线攀登难度较低，适于欣赏济州独有的山岳地形。攀登 1 小时左右便可来到视线开朗的四燕小山，该处有饮用水，可暂作歇息。继续攀爬 30 分钟左右便来到了万岁小山，在此可尽览济州神秘的山岳地形。继续攀爬难度有所降低，从万岁小山攀登至威势岳的路上几乎都是平地。

灵室路线

由灵室至威势岳的路线，往返 7.4 公里，攀登需要 3 小时左右。灵室路线是 4 条登山路线中最短的一条，但其沿途风光优美，被评为济州 10 景之一。灵室路线坡度较陡，攀爬有一定的难度，因此也有不少人选择从御里牧路线上山，然后由灵室路线下山。

Part2 济州
济州市区
2
·牛岛·

旅游资讯

🏠 济州市牛岛面演坪里 1451-3

📞 064-7284333

🚌 从济州郊外汽车站乘坐公交车到达城山港，从城山港前往牛岛乘船约 15 分钟

@ www.jejutour.go.kr

牛岛（Someori）是一座很小的珊瑚岛，周围有翡翠色的海水，干净澄澈，景色之美令人窒息。整座岛屿状如横卧之牛，因此得名"牛岛"。岛屿面积约 6 万平方米，有许多的人住在岛上。另外，不少电影也因其宛若仙境的美景而来此拍摄，使得无数的游客为之神往。

牛岛峰：是岛上地势最高的地方，站在山顶，四周美景一览无余。延绵不绝的草原，波光粼粼的碧海，皆让人心旷神怡。不过通往牛岛峰是一段很长的坡路，老年人和腿脚不方便的游客最好不要勉强。牛岛峰顶上有一座白色灯塔，但灯塔早已不再点灯了，而是作

为纪念灯塔一直留存至今。站在灯塔上俯瞰全岛，景色之美让人难以形容。

西浜白沙：是牛岛最美丽的地方之一。一边是一望无际的大海，一边是由破碎的珊瑚形成的雪白沙滩，太阳光被白色的砂砾折射出绚丽夺目的光彩，令人着迷。这里也是情侣看日落的好去处，傍晚时分，太阳将半边天空染成红色，倒映在海面上，美得令人窒息。

宝健路（**Baozen Street**）与神话街是济州市最繁华的两个地方。宝健路原来是济州市大学生最常来的地方，2011 年为纪念中国保健集团 1 万名职员到济州岛旅游，于是便改名为"宝健路"，这条路也是中韩旅游事业发展的一个见证者。现在的宝健路成为了济州的"小中国"，来来往往的都是中国游客，就连店内的服务员也绝大部分都会讲中文。宝健路主要以销售化妆品、服装小店、美食店为主，白天很清冷，夜晚比较热闹。

Part2 济州
济州市区

3

·宝健路·

旅游资讯

🏠济州市莲洞 273–7 号

🚌乘坐公交车 500 路、36 路、200 路、37 路在济源公寓下车，顺着农协银行建筑物左转步行 10 分钟即到

不要门票也能 High

中韩风格结合的步行街，特色自不必说，白天的宝健路是很冷清的，如果去的话最好是在晚上。夜晚这里经常举办庆典，大大小小的店铺，来往的人很多，热闹非凡。

Part2 济州
济州市区

4

· 龙头岩 ·

旅游资讯

🏠 济州市龙潭洞海岸道路入口处

📞 064—7282753

🚌 可以在济州市区乘开往下贵的公交车到龙门十字路口下车，再向海边步行约15分钟即到；或在济州国际机场乘坐机场大巴（200路、300路）至龙潭2洞事务所站下车，再步行15分钟即到

@ english.tour2jeju.net

龙头岩（Yongduam Rock）形成于200万年前熔岩的喷发冷却，历史非常悠久。龙头岩高10米，长30米，形状像龙头一般，看上去像是龙将跃海而出时却化成了石头，故得名"龙头岩"。站在海边，仰望着高昂的龙头，倾听着古老的故事，龙的长啸仿佛就回荡在你的耳边。

不要门票也能 High

据说，在刮大风及大海波涛汹涌的时候，龙头岩仿佛复活了，似乎会从大海深处腾空而起，冲上天空。龙头岩的东边有一潭静水，池水清澈见底，有不少金鱼在其中欢快地游动，据说是龙嬉游之地，故得名龙池。两者一动一静，相得益彰。

涉地岬（Seopjikoji）又名涉地可支，"涉地"是这一地区古代的名称，"可支"是济州岛的方言，意思是向外突出的地形。每到春天，涉地岬便会绽放漫山遍野的油菜花，加上日出山峰的映照，海岸的风景令人流连忘返。因为这里有令人陶醉的风景，所以它也成为了《洛城生死恋》《我叫金三顺》等韩剧的拍摄基地，涉地岬的灯塔也因此而出名。

■ 不要门票也能 High

4月是游涉地岬的最好时节，阳光明媚的午后，走在栅栏小道上，一边是山丘和原野，开满了黄色的油菜花，时不时还会有一两只悠闲吃草的短腿马；另一边则是一望无际的碧海蓝天。

分布于全济州呈现美丽曲线的**济州田墙**（Field wal），是济州独有的文化景观。田墙是在农地分界处用石头切成的矮墙。田墙的建立，既解决了土地掠夺的纷争，又减少了牛、马等家畜到田地里糟蹋粮食的现象，还让济州多了一道独特的风景。如今的田墙颇具观赏性，从高处俯瞰济州，像一幅图案美丽的巨大拼图，是济州非常有特色的景观。

■ 不要门票也能 High

在济州，无论去哪里都可以看到用石头砌成的田墙围绕着农田。济州田墙连接在一起长度达到2.2万公里左右，与黑龙的形象十分相似，因而得名为"黑龙万里"。除了解决土地纷争外，石墙也可以阻挡济州特有的强风，起到保护农作物的作用。在强风中屹立不倒的济州石墙是济州人智慧的结晶，也是济州独一无二的风景。

Part2 济州
济州市区

5

· 涉地岬 ·

旅游资讯

🏠 济州市城山邑新阳里

📞 064–7820080

🚌 乘东回线市外巴士到古城里，在东南丁字路口下车后，往南走1.5公里，过信阳海水浴场再走600米即可；或者在济州市（或西归浦）郊区汽车总站乘坐环岛公路东环线汽车，至城山邑古城里下车换出租车前往，需5~10分钟

@ www.jejutour.go.kr

Part2 济州
济州市区

6

· 济州田墙 ·

旅游资讯

🏠 济州特别自治道

Part2 济州
济州市区

7

·国立济州博物馆·

旅游资讯

🏠 济州市日走东路 17 号

📞 064－7208000

🚌 在济州国际机场乘坐 100 路公交车到国立济州博物馆下车

@ jeju.museum.go.kr

Part2 济州
济州市区

8

·汉拿树木园·

旅游资讯

🏠 济州市莲洞树木园路 72

📞 064－7107575

🚌 可以在济州市外长途汽车站或 516 国道汽车站乘坐郊外汽车，在城板岳入口下车票价分别为 1700 韩元和 1900 韩元；或从济州市外长途汽车站乘坐开往奥利木的郊外汽车，在奥利木入口下车即可，票价为 2200 韩元

@ krsumokwon. jeju.go.kr

国立济州博物馆（**Jeju National Museum**）坐落在美丽的纱罗峰公园内，展示的是济州的历史与文化，是颇有济州特色的博物馆。馆内陈列着济州自史前时代至朝鲜时代各朝代的珍贵文物，并特设有耽罗文化展示馆，全面地向游客展示了耽罗文化，充满了浓郁的文化与艺术气息。此外，这里每年也会举办各种特色展示活动。

汉拿树木园（**Halla Arboretum**）的建设是为了保护济州岛的生态环境并进行学习研究。1993 年 12 月正式开放，借着汉拿山植物种类繁多的优势，树木园里约有 909 种济州岛的自生树种和亚热带植物。除了常见的树木外，园林内还有濒临灭种危机的 2720 多棵稀有植物。汉拿山树木园是韩国环境保护园林的典范，树木郁郁葱葱，是个散步休闲的好地方。

不要门票也能 High

参天大树枝繁叶茂，阳光明媚，树影斑斓，畅游在其中可与大自然来一次亲切的拥抱。园林内有招灵木、万年豆等珍贵植物，以及只有在天地渊才有的竹节草，更有可以开花的树林、枫叶林等，一年四季都有其独特的美丽。

挟才海岸（Hyeopjae Beach）是有名的海水浴场。这里到处都可以看到碧海蓝天、绿松绿山，景色十分美丽。挟才海岸沙滩坡度较缓、海水较浅，还有各种服务设施，十分适合与全家人共同享受海水浴。

挟才海水浴场与翰林公园相连，在浴场玩过后，还可以到公园内散步，或者在松林中野营，享受大自然的美好风光。

不要门票也能 High

挟才海岸只在每年 7 月 1 日至 8 月 31 日才会开放，也正因如此才使得挟才海岸的环境十分清洁。

Part❷济州
济州市区

9
·挟才海岸·

旅游资讯

🏠 济州市翰林邑挟才路

📞 064-7283394

🚗 在济州市或西归浦乘坐 1132 号国道缓行巴士，在翰林公园入口下车即到

@ www.jejutour.go.kr

咸德海水浴场（Hamdeok Beach）是济州人气很高的海水浴场。咸德海水浴场的沙子和水质都十分干净，白沙如同珍珠一般，将清亮的海水渲染得更加耀眼。海边还耸立着灯塔，用来给海上的渔民指路，配上一望无际的大海，形成了一幅别致的画面。除了美丽的自然风光外，海水浴场还有完善的配套设施，给游客的旅行提供了便捷。

不要门票也能 High

海水浴场的开放时间为：6 月 28 日至 8 月 31 日 09:30 至日落，夜间浴场为 7 月 13 日至 8 月 18 日日落至 22:00

Part❷济州
济州市区

10
·咸德海水浴场·

旅游资讯

🏠 济州市朝天邑咸德里

📞 064-78360034

🚗 乘坐 10 路公交车在咸德犀牛峰海边下车，步行前往

@ www.jejudio.com

Part2 济州
济州市区
11
·野生仙人掌群落·

旅游资讯

🏠 济州市翰林邑月令里 359—3

📞 064—7410228

🚌 乘坐 702 路公交车在月令里站下车
@ culture.jeju.go.kr

野生仙人掌群落（**Wollyeong cactus field**）位于济州岛月令山，是韩国唯一的野生仙人掌群落。仙人掌会开黄色的花，并结出类似无花果的果实。这里的仙人掌源于墨西哥，随着"日本暖流"漂至此地。起初人们种植仙人掌是为了防止老鼠、蛇等动物的潜入。现在，仙人掌已经布满整个月令里。幽蓝的大海，黑亮的岩石和碧绿的仙人掌，造就了属于这里的独特风光。

兔岛（**Rabbit island**）因其漫山遍野的野生文殊兰而出名。每到夏天，岛上的文殊兰盛开，将整个兔岛染成了雪白色，远远望去像是兔子一般，因而得名兔岛。兔岛是韩国唯一生长文殊兰的地方，岛上花

Part2 济州
济州市区
12
·兔岛·

旅游资讯

🏠 济州市旧左邑下道里

📞 064—7833001

🚌 从济州国际机场乘坐出租车，约需 90 分钟

开时，浓郁的花香随风飘扬千里，因此这里还被称为"千里香"。在碧蓝的大海上以牛岛和城山日出峰为背景，洁白的兔岛显得圣洁无比。

🟥 不要门票也能 High

文殊兰花期 6～8 月，傍晚时散发花香，有很高的药用价值，但文殊兰全株有毒，请严防小孩和宠物误食。

位于中文地区海边的**中文旅游区**（**Jeju Jungmun Resort**），是享誉国际的著名休养地。旅游区内景点众多，大型购物广场、高端酒店及娱乐设施也比比皆是，配套设施齐全，是韩国最大的配套服务设施区，许多国外的元首级贵宾也曾来此访问，可谓是名震天下。另外，旅游区内的自然环境也十分美丽，许多电影、电视剧皆在这里拍摄。除了那些收费景点外，中文旅游区也有许多无需门票，但旅游价值很高的地方。

中文海水浴场：拥有长达 560 米的沙滩，沙滩上的黑、白、赤、灰等各种颜色的沙子与黑色的玄武岩形成和谐对照，将沙滩点缀得美丽绚烂。沙滩旁的悬崖上有天然的海蚀溶洞，你也可以来此欣赏一下这一自然奇观。齐全的海边设施以及丰富多彩的海上娱乐项目，也必定能给你带来不少乐趣。

独立巖：高约 20 米，周长 10 米，形状像一位强悍的将军独自远望，故又有将军石之称。独立巖形成于 150 万年前火山爆发时熔岩的冷却凝固，岩石上的松柏与周围散布的零落小岛，构成了一幅天然的美景。从这里看到的夕阳美景尤为壮观，故也受到了许多游客的喜爱。

Part2 济州
济州市区
13
·中文旅游区·

旅游资讯

🏠 西归浦市西烘洞
📞 064-7603031
🚌 乘坐市内巴士9、10 路或座席巴士 100 路、110 路、120 路、130 路在旅游区入口下车
@ www.jejutour.go.kr

Part2 济州
济州市区

14

·李仲燮文化步行街·

旅游资讯

🏠 西归浦市正方洞

📞 064-7333555

🚕 在济州市长途汽车站乘坐 516 路巴士到西归浦东门交叉路，下车后顺着路牌就能走到文化步行街入口

@ jslee.seogwipo.go.kr

李仲燮是韩国著名的近现代艺术大师，以"牛"为素材的凶猛野兽派作品受世人欢迎，表达了日本殖民时期，战争带给人们的痛苦。为了纪念这位大师，人们在济州的西归浦市设立了李仲燮文化美术馆，而沿美术馆向上的一条小路，被人称之为**李仲燮文化步行街**（**Lee Jung-Seob's Art Street**）。路边有许多的艺术品小店、咖啡馆和饭店，是一个文艺气息浓郁的地方。

🔲 不要门票也能 High

1. 李仲燮的才华直到今天还依旧被韩国人民所津津乐道，他的画颇具民族精神，通过夸张野蛮的绘图手法来表现在日本殖民之下的人民的痛苦，所幸历史经历了转折。如今的李仲燮步行街一片祥和，画作上的痛苦与煎熬已毫无痕迹，两者所形成的对比不禁让人心生感触。

2. 步行街的人并不多，但地上新奇的画、丰富的手工艺品，都让这条街充斥着浓厚的文艺气息。午后的步行街尤为惬意，外来的游客常常会找一个喜爱的咖啡馆坐上一会儿，去感受这份来之不易的安静祥和氛围。

城邑民俗村（Seongeup Folk Village）位于汉拿山麓，有许多的文化遗产，是完整地保存了韩国传统习俗的一处民俗村。这里没有大城市的喧嚣，全都是原来的古村古貌。政府为了支持其发展，每年都会给原

住民一定的补贴，支持他们继续住在这里，民俗村这才得以保留原貌。在这里你可以欣赏到最正宗的韩国民俗文化、感受韩国原始的生活气息。

不要门票也能 High

　　这里不只是一个旅游景点，每家每户都有居民，日出而作，日落而息，生活气息浓厚，让你能够真切地体会到济州最传统的民俗民风。这里也曾是韩剧《大长今》的取景地。

济州道世界杯足球场（Jeju World Cup Stadium）被誉为"最美丽的世界杯赛场"，建立在西归浦市的最南端，是韩国唯一一个海边足球场，曾是 2002 年世界杯中的一个比赛场地。其火山口式的环形球场，象征着济州岛的地形和汉拿山。球场的设计风格既有

济州草屋、木排船等济州本土特色元素，又有现代高科技的完美运用。济州岛的居民对该足球场曾举办过世界杯而感到自豪，每当谈到此都会眉飞色舞。

Part2 济州
济州市区

15
·城邑民俗村·

旅游资讯

🏠 西归浦市表善面城邑旌县路 104 号

📞 064-7871179

🚐 在济州市长途汽车站坐 720 路长途汽车在城邑民俗村下

@ www.jejutour.go.kr

Part2 济州
济州市区

16
·济州道世界杯足球场·

旅游资讯

🏠 西归浦市法还洞 914 号

📞 064-7662086

🚐 在西归浦市长途汽车站乘坐市内座席 110、120、130、200、400 到足球赛场站下车即到

🕐 11 月至次年 2 月 07:00～22:00，3～10 月 06:00～22:00

Part2 济州
济州市区
17

·松岳山·

旅游资讯

🏠 西归浦市大静邑松岳观光路 421-1 号

📞 064-7602912

🚌 乘坐 951 路公交车在山伊水洞站下车，步行前往

@ www.jejutour.go.kr

松岳山（**Songaksan Mountain**）位于山房山南侧，突出于海边，有 99 座小山峰环绕在其旁，故也名为九九峰。由山房窟寺至松岳山入口，是一条以景色优美而出名的海岸小道，走在小道上可享受细腻的海风吹拂，欣赏一望无际的太平洋。松岳山的山顶风光极其优美，登高远望，近有最南端的马罗岛、加波岛、兄弟岛与高大绮丽的山房山，远有巍峨壮阔的汉拿山与碧蓝绚丽的太平洋，使人不禁赞叹。

Part2 济州
济州市区
18

·济州大学樱花路·

旅游资讯

🏠 西归浦市大静邑松岳观光路 421-1 号

📞 064-7602912

🚌 乘坐 500 路公交车在济州大学入口站下车

@ www.jejutour.go.kr

济州大学樱花路（**Jeju National University Cherry Blossom Road**）是济州岛上樱花最浓密、树型最大的地方，每年 4 月，路旁的樱花就会盛开，吸引了大批赏樱爱好者和摄影爱好者，有极高的人气。济州大学樱花路生长的是大樱花，花瓣之大，花径之长，是别类樱花所无法比拟的。每年岛上都会举办济州大樱花节，济州大学樱花路也是举办地之一。

不要门票也能 High

济州大樱花节举办于每年的 4 月 1 日至 4 月 10 日。大樱花开花极快，一般 2 ～ 3 天便可全部开放，想去一赏樱花雪的游客请提前安排好时间。

思连伊林荫道（**Saryeoni Forest Walk**）是济州有名的散步道，道路两旁风景秀丽，植物众多，其中有一段是高大茂密的柳杉林，空气非常新鲜，游客在这里可以感受到自然的气息，享受健康的漫步生活。思连伊林荫道也是风靡亚洲的《秘密花园》拍摄地，河智苑在森林里迷路的桥段就是在这里拍摄的。

不要门票也能 High

思连伊林荫道全长 15 公里，走下来需要的时间较长，由于冬天树木落叶，风景并不是很好，所以尽量选择在其他季节过去游玩。同时，租一辆自行车在此骑行，感受自然的美景，也是一种不错的旅游方式。

牛沼河口（**Soe sokkak Estuary**）流经孝敦川的淡水与海水相遇，形成幽深的青潭，风景秀丽，是一个溪谷游玩的好去处。牛沼河口是西归浦七十里的神秘境地

之一，奇岩怪石，青松绿柏，形成绝美佳境。此地有许多水上游乐项目，每到旅游旺季，许多游客就会来到此地，漫步在山石之间欣赏绝美风光，感受清凉的溪水，体验水上娱乐项目的乐趣。

Part2 济州
济州市区

19

·思连伊林荫道·

旅游资讯

🏠 西归浦市朝天邑桥来里

🚐 乘730路公交车在水城岳站下车

Part2 济州
济州市区

20

·牛沼河口·

旅游资讯

🏠 西归浦市下孝洞140

📞 064-7321562

🚕 从济州国际机场乘坐出租车，约需90分钟

济州·旅游资讯

交🚗通

飞机

济州国际机场（Jeju International Airport）是韩国的 5 座国际机场之一，除有到首尔、釜山、大邱、光州等地的韩国国内航线之外，也有到北京、上海、东京、大阪、名古屋的国际线路。从北京直飞济州岛只要 2～5 小时，从济州岛到首尔需 1 个小时左右。

🏠 济州特别自治道济州市机场路 2　　📞 064－7972333
🚐 乘坐 100、200、300、500、36、37、600 路巴士可到
@ www.airport.co.kr

经过济州国际机场的部分公交车信息		
巴士类型	**目的地**	**经过站**
市内公共车	汉拿大学／三阳行 (100)	三阳大学→莲洞地区→堤原→水协岛支会→新济州→机场→终端站→中央路→东门→女商业高中→仁和洞→天水洞→五贤高中→禾北南门→三阳
市内公共车	观光台行 (200)	观光台 (老衡住公)→老衡五岔路口→汉拿医院→堤原 A→新济州 R→终端站→仁济→东门 R→观德亭→龙胆→机场→新济州 R→堤原 A→汉拿医院→老衡五岔路口→观光台 (老衡住公)
市内公共车	汉拿大学／济州大学行 (500)	汉拿大学→老衡五岔路口→汉拿医院→堤原 A→新济州 R→机场→龙胆→中央路→市民会馆→光阳→市政府→女高中－济州大学
市内公共车	外岛／月坪行 (36)	外岛→梨湖→道头→西中→五日场→堤城村→文化颜色→水协岛支会→机场→龙胆→观德亭→中央路→光阳→市政府→女高中→晨星女中学、高中→月坪 (济州大学)
市内公共车	济州大学／下贵行 (37)	济州大学→女高中→市政府→光阳→中央路→观德亭→龙胆→机场→新济州 R→水协岛支会→汉拿医院→西中→梨湖→外岛富荣→下贵
豪华巴士	西归浦行 (600)	机场→（新济州）The 酒店→万丽海景酒店→如美地植物园→Hana 酒店→凯悦湖岸济州→济州新罗酒店→斯威特酒店→乐天酒店济州→韩国公寓大厦→韩国观光公司→Seaes 酒店＆度假村济州→济州国际会议中心→世界杯赛场→新庆南酒店→西归浦码头→天堂酒店济州→西归浦凯尔酒店

✦ 轮船 ✦

济州岛是一个著名的海岛，水上交通十分发达。济州岛有济州港、翰林港 2 个客运港口，共有客运航线 5 条、客轮 12 艘，每周六往返于釜山、莞岛、仁川、鹿洞、木浦等国内港口，韩国人经常乘船来此度假。从济州岛乘船到釜山约需 12 小时 30 分钟。

韩国主要城市到济州岛的轮船				
城市	乘船站	费用	出发时间	耗时
釜山	釜山客船中心	32000~75000 韩元	19:00	11 小时
仁川	仁川客船中心	53500~598000 韩元	18:30（2 天 1 班）	13~15 小时
木浦	木浦客船中心	21800~86350 韩元	08:00、09:00、15:00	4 小时 30 分钟

✦ 岛内交通 ✦

济州岛上主要有 3 个地区，分别是济州岛、西归浦市、中文旅游区，其中济州市和西归浦市的交通最为方便，有市内公交车、市外长途汽车、旅游巴士、出租车、轮船等。

济州岛内交通资讯		
交通工具	票价	概况
市内公交车	一般巴士 550 韩元，座席巴士 600 韩元	是济州市、西归浦市的主要交通工具，主要分为座席巴士和一般巴士，一般每隔 3-5 分钟一班，运行时间 06:00 ~ 22:30
市外长途汽车	市外长途汽车费根据乘坐路线不同而不同	往返在济州岛的各个地方之间，一般每隔 2 分钟发一班，运行时间 05:40 ~ 21:00
旅游巴士	1 天定期券成人 35000 韩元，2 天定期券成人 55000 韩元	主要有济州岛东部和西部一路这 2 条循环路线，旅游巴士网址为 www.tbus.co.kr。你可以根据自己的行程，购买相应的旅游巴士自由使用券
出租车	出租车的起步价为 2000 韩元，每 164 米加 200 韩元	司机可能不会讲英语，你需要提前写下目的地名称
轮船	往返约 4000 韩元	如果去济州岛周围的小岛，则需要乘轮船前往。在济州客运码头乘轮船（Boat Ferry），可到达周边的飞扬岛（约 15 分钟）、牛岛（约 15 分钟）、加波岛（约 30 分钟）、马罗岛（约 50 分钟）

美🍴食

到了济州岛，怎么能错过品尝海鲜美食的机会呢。这里的海鲜不仅新鲜味美，而且营养丰富。这里主要的海鲜材料有海鱼、蔬菜、海藻，这些材料用大酱调味，非常美味。此外，还可以用海鱼熬粥、熬汤，非常有营养。济州岛上的美食追求食材的原汁原味，因而所有的菜肴不会添加多少调料。

■ 济州美食推荐 ■

👑 生鱼片

济州岛四周被海洋环绕，所以生鱼片当之无愧地成了其特色美食。生鱼片的鲜美，会让你因为旅途的劳累而产生的食欲不振得到改善。济州生鱼片的原料有真鲷、鲍鱼、海螺、盛蟹等，其中味道最佳的还是真鲷，俗称加吉鱼。

👑 鲍鱼粥

济州出产的鲍鱼都是自然生长的。济州岛沿岸皆可大量捕捞。城山浦鲍鱼粥非常著名，它是将鲍鱼切成小薄片加入芝麻油微炒以后，放入用水浸泡过的大米中熬制而成的，味道清淡，香味扑鼻。由于其营养丰富、味道独特，是来济州游玩的游客必尝的一道美食。

👑 海产火锅

济州海产品众多，想要大快朵颐一番，那么可以去吃那里非常有名的海产火锅。在用餐的时候，锅里放满了海鲜，包括蟹、对虾、加吉鱼等，佐以韩国风味特别的辣酱，令人回味无穷。不仅如此，还听说吃到最后，可以在火锅里放上泡面，吸足了海鲜汤水的泡面，味道更加鲜美。

✦ 五梅汽酒 ✦

五梅汽酒是济州岛最具代表性的土俗酒。它是以粘谷糕为原料酿造而成的一种清酒。首先将粘谷磨成细粉，加入开水搅拌，蒸熟即成粘谷饼，然后再将饼做成糊状，加入酵母发酵后即可酿成五梅汽酒。

✦ 黑猪肉 ✦

济州土种黑猪肉中含有丰富的维他命和矿物质，含不饱和脂肪酸少，特别有利于身体健康。另外，它没有猪肉特有的腥味，适合搭配各种不同的料理，集柔嫩、弹性十足、丰富的营养成分于一身，是济州黑猪肉最有魅力的特点。

■ 济州特色餐厅推荐 ■

✦ 济州乡

🏠 济州市连洞 283-1 号
📞 064-7486311
@ www.jejuhyang.ejeju.net

济州乡离济州国际机场很近，大约步行10 分钟的距离，非常适合下飞机后去饱餐一顿。店里的菜品很丰富，有韩式标准席、烤肉、石锅拌饭等。

✦ 秀姬餐厅

🏠 西归浦市西归洞 444 号
📞 064-7620777
🕐 08:00 ~ 20:30

秀姬餐厅里所有的食材特别是海鲜都是最新鲜的，特别美味。生鱼片配上秘制酱料，非常鲜美。这里的美食大多是店长亲自下厨制作，你能在旁边观摩学习。

龙梦猪梦

🏠 济州市元老衡路 35（老衡洞）

📞 064-7119911

🕐 1 层 24 小时营业，周日晚上不营业，2 层 09：00 ～ 21：004

　　龙梦猪梦（용꿈돼지꿈）的韩式套餐非常出名，其菜肴独特，Dombe 定食味道可口，新增的白菜、泡菜炖青花鱼味道也非常不错。特别说明一下，Dombe 猪肉，一定要用菜包着吃才好吃哦。

济州翰林公园石爷餐馆

🏠 济州市翰林邑挟才里 2487 号

📞 064-7960001

@ www.hallimpark.co.kr

　　济州翰林公园石爷餐馆在翰林公园财岩民俗村里，是一座茅庐，具有浓厚的济州地方特色。店里会根据季节特点供应美食，夏季推出凉爽的草本冷面、冷冻西瓜；冬季推出清淡的雉鸡肉和雉鸡汤刀切面、济州地方名吃雉鸡肉馅饼等时令菜。店里比较受欢迎的菜有炭烤济州土种猪，用新鲜的济州产海鲜煎成的海鲜绿豆饼，清爽而富有营养的海胆汤，用小米和酒曲制成的济州传统粟米酒等。

新岛排骨

🏠 西归浦市西归洞 650-2

📞 064-7324001

🚐 在济州国际机场乘 600 路机场巴士到西归浦新京南酒店下车

　　到新岛排骨（새섬갈비）吃饭，一定要尝尝这里的黑猪肉。特别是黑猪五花肉，选的都是上等材料，然后直接用火烤，口感特别好。此外，在这里你还能在厨师的指导下，亲手做一份可口的冷面。

济州岛其他餐厅推荐		
名称	地址	特色菜
荣彬味乐	西归浦市松山洞 68-6	生鱼片、烤玉鲷
终达潜水村	济州市旧左邑终达里 478-10	生鱼片、鲍鱼粥、海产品火锅
海女之家	济州岛城山日出峰下	鲍鱼粥
好宫参鸡汤	济州市龙潭 2 洞 1922-3 号	参鸡汤
海进生鱼片屋	济州市健入洞 1435-2 号	鲈鱼、鲷鱼

住🏠宿

╳╳╳╳╳╳╳ ╳╳╳╳╳╳╳

济州岛住宿的地方有很多。如果想交通方便，那可以住在济州市内；如果是经济型旅游的话，可以住在济州的老城区。如果想玩得好一点，就可以住在西归浦市或中文旅游区，但是中文旅游区内的住宿地相对要贵一点。

济州岛经济型住宿地推荐		
名称	地址	电话
椰哈民宿	济州市三徒 1 洞	064-7245506
济州寺水自然休养林	济州市明林路 584 号	064-7217421
十二月酒店	济州市连洞 260-58	064-7457800
C&P 度假村青年旅馆	西归浦市城市邑三达里 176 号	064-7847701

济州岛五星级酒店推荐		
名称	地址	电话
乐天酒店	西归浦市中文观光路 72 号街 35	064-7311000
新罗酒店	西归浦市文化观光路 72 号街 75	064-7384466
凯悦酒店	西归浦市中文观光路 72 号街 114	064-7331234
华美达酒店	济州市塔洞路 66	064-7298100
格兰德酒店	济州市老连路 80	064-7474900

济州岛度假酒店推荐		
名称	地址	电话
西爱斯酒店＆度假村	西归浦市中文观光路 198 号	064-7353000
夏威夷观光酒店	济州市社长 3 街 32	064-7420061
济州锦湖度假村	西归浦市南元邑南元 1 里	064-7668000

济州岛经济型酒店		
名称	地址	电话
大国岛酒店	西归浦市西归洞	064-7630002
南国酒店	西归浦市天地洞	064-7624111
波澜沙滩酒店	济州市涯月邑郭支里	064-7992345
济州多维斯公寓	济州市涯月里	064-7999901
济州东洋公寓	济州市涯月邑旧严里	064-7135100

购物

济州市主要有 3 个购物区域，分别是东大门市场（Dongmun Market）、中央地下购物中心（Jungang UndergroundShopping Centre）和 Chiseongno 路商业步行街，其中东大门市场在济州市中心，最为热闹。

济州购物中心推荐

东大门市场

🏠 济州市二徒 1 洞 1436–7 号
📞 064-7523001
🚌 东大门市场离济州机场大约 20 分钟的距离，市内巴士大部分都会在东大门市场前停车

东大门市场曾是济州商业的根据地，虽然现在市中的其他购物场所已慢慢地发展起来，但东大门市场依然非常热闹。这个市场完整地保留了传统市场的特征，商品种类多，选择余地大，价格合理，不管是大量购物还是小量购买都很合适。

中央地下购物中心

🏠 济州市中央路
📞 064-7550225
🕙 10:00 ～ 22:00，春节、中秋节当天休息

中央地下购物中心是济州岛上唯一的地下购物中心，在东大门市场附近，也是处在济州市内的繁华地段，每天来来往往的购物者络绎不绝。地下商场以中央路为中心，从西门路连接到东门路，分为三个区，现在有 3000 多个店铺。里面有很多韩国化妆品牌的专卖店，如 Face Shop、Skinfood 等，品种丰富齐全。

济州国际机场 GALLERIA 免税店

🏠 济州市机场路 2
📞 064-7400130
🕙 06:00 ～ 22:30
@ dept.galleria.co.kr

这家免税店（Galleria Duty Free）位于济州国际机场三楼的国际航班出境大厅，不仅出售 CHANEL、DIOR、MCM 等国内外知名品牌，还有香水、手表、首饰、烟酒、巧克力等。你可以提前预订自己所要的商品，然后到时间去结算就行了。

新罗免税店济州店

🏠 济州市 noyeon 路 69
📞 064-7107100
🕙 10:00 ~ 19:30

　　新罗免税店济州店 (The Shilla Duty Free Shop) 是济州岛内较大的卖场之一，里面汇聚了 LouisVuitton、Hermes、Tiffany 等著名品牌。在这里买东西可以加入他们的会员，会员可享受到 10% ~ 15% 的折扣，在打折时期，折扣未达到 30% 商品，还可以再享受 5% 的优惠。

娱　　乐

　　济州岛是一座著名的海岛，这里的娱乐大多与海有关，如冲浪、潜水等。但这里又是一个旅游胜地，这里的高尔夫球场、SPA、汗蒸、剧场表演等休闲娱乐活动非常丰富。在这里，不管你是想怎么度过旅行的余暇时间，都能得到满足。

潜水

　　济州岛周围的海水澄澈湛蓝，非常适合潜水。潜入水下，你可以看见熔岩所形成的岩石，美丽的珊瑚蔚为壮观，颇受国内外潜水爱好者的青睐。此外，济州岛年平均水温为 20℃ ~ 25℃，因而冬天也可以享受潜水。潜水时，推荐去西归浦海域的蚊岛和牛岛，那些地方有很多珊瑚群，美景如画。潜水的最佳时间为 5 ~ 11 月，其中水中透明度最高的时期为 5 ~ 6 月和 9 ~ 11 月。

海水浴场

　　济州岛上有很多海水浴场，如金宁海水浴场、咸德海水浴场、表善海水浴场、挟才海水浴场、中文海水浴场等。即使在海水浴场什么都不玩，只是看波涛撞击在黑色的玄武岩上，白色的沙滩和泛着祖母绿的大海，就会令人心旷神怡。

高尔夫

济州岛上的高尔夫活动主要集中在中文旅游区。中文高尔夫俱乐部分为汉拿路线和海岸路线，其中汉拿路线是外部路线，可以边观赏汉拿山的美景边打球，海岸路线是内部路线，沿中文海岸布置球洞，可边观海边打球，十分独特。交通：在济州国际机场乘坐机场大巴至高尔夫俱乐部入口下车（需45分钟）进入中文观光园内即可找到。费用：平日91000韩元，周末128000韩元。

表演秀

在济州岛，想看表演，推荐去济州乱打剧场（제주난타극장）。这个剧场又被称为济州影像媒体中心艺术剧场，其演出以厨房为场景，用锅、碗、瓢、盆、碟子、菜刀为乐器，加上一流的灯光音响，配合着紧凑的剧情，没有对白只有节奏及打击声，不管是大人还是小孩都喜欢看。交通：在济州国际机场乘坐机场巴士或者乘坐出租车在济州东部警察所附近，Shin San 公园内的济州影像媒体中心艺术剧场下。演出时间：周二至周五20：00；周六17：00、20：00；周日、公休日20：00。

赛马

济州赛马公园是济州岛上主要的赛马场地，公园内有长约1600米、宽20米的沙质跑道和比赛前观察赛马状态的预视场、可容纳3000名观众的看台、100个监视器、100个投票窗口，各层还有导游桌，还有可停2000辆车的免费停车场。开放时间：平时10：30～17：00，赛马时间12：20～17：00；赛马日为每周六、日。

●济州岛春季风光

Part3 釜山
无需门票，体验釜山"心"玩法

Part3 釜山
釜山市区

1·釜山庆典别错过·

釜山的庆典活动丰富多彩，充满了浓厚的生活气息，迎日出釜山庆典、Centum 啤酒节、釜山札嘎其节，都是体验釜山市民生活的最佳选择。而且釜山还有许多世界瞩目的国际庆典，如釜山国际电影节等。这里丰富多彩的庆典活动，会为你的旅行带来许多惊喜。

釜山庆典活动资讯				
活动	**时间**	**地址**	**交通**	**简介**
迎日出釜山庆典	12 月 31 日至 1 月 1 日	釜山市中区龙头山路 35-18	乘坐 338 路公交车在大宇公寓下	在新年里为釜山的发展以及市民、游客的幸福而祈愿的活动。每年都有几十万人来此观看日出
釜山国际电影节	10 月 1 日至 10 月 10 日	釜山市海云台区佑洞	乘坐 100 路公交车在釜山文化女子高中下车	韩国最大规模的国际性电影节，电影爱好者不容错过的盛宴
Centum 啤酒节	7 月末	釜山市海云台区 Centum 西路 30	乘坐 115 路公交车在 SK 电讯站下车	门票 10000 韩元。可以无限享用美味的下酒菜和清凉的啤酒

续表

活动	时间	地址	交通	简介
釜山燃灯节	4月底至5月中旬	釜山市釜山镇区中央大路913	乘坐地铁1号线在釜山站下车	釜山最为盛大的佛教庆典活动之一，游客可以亲自体验传统文化和佛教文化
海云台沙滩节	5月末	釜山海云台区佑1洞	乘坐地铁2号线在海云台站下车	以"沙子"和"大海"为主题展开的活动，可以在此欣赏新奇美丽的沙雕，十分有趣
釜山札嘎其节	釜山札嘎其节	釜山中区札嘎其海岸路52号	乘坐地铁1号线在札嘎其站下车	以韩国独特的海鲜美食为主题的庆典活动，极富市民气息

Part3 釜山
釜山市区

2·免费资讯助你游·

釜山作为韩国旅游热门城市，在釜山地铁站、金海机场以及釜山热门旅游地都设有旅游咨询处，也均提供中文服务，非常方便。

釜山旅游咨询处信息				
名称	营业时间	地址	交通	电话
釜山站旅游咨询处	09:00 ~ 20:00	釜山市中区中央大路 206 釜山站	乘坐地铁 1 号线在釜山站下车	051–4416565（韩、英、日、中、俄）
海云台旅游咨询处	09:00 ~ 18:00	釜山市海云台区海云台海边路 264 釜山水族馆旁	乘坐地铁 1 号线在海云台站下车	051–7495700（韩、英、日、中）
金海机场釜山旅游咨询处	09:00 ~ 18:00	釜山市江西区机场进入路 108	乘坐地铁 3 号线在大渚站下车，转乘轻轨在机场站下车	051–9732800（韩、英、日、中）

Part 3 釜山
釜山市区

3·不要门票怎样能玩 High·

不花 1 分钱游览釜山的线路

海云台：海云台被誉为韩国第一海水浴场，自然景观秀丽，设备齐全

🔘 乘坐地铁 1 号线在札嘎其站或南浦洞站下车

札嘎其市场：韩国国内最大的鱼贝类专门市场，充斥着浓郁的釜山气息

🔘 步行 5 分钟

南浦洞：南浦洞是旧时釜山的中心，是人潮涌动的购物街

🔘 步行 15 分钟

甘川洞文化艺术村：被誉为"釜山的圣托里尼"，是坐落在半山腰上的色彩斑斓的小村落

●甘川洞文化艺术村

零元游釜山市区

Part3 釜山
釜山市区

1

· 海云台 ·

旅游资讯

🏠 釜山市海云台区中洞水营湾内

📞 051-7495700

🚌 可乘地铁 2 号线在海云台站下；或在釜山市内乘 40、139、239、302 路 等公交车可到

@ eng.haeundae.go.kr

海云台（Haeundae）位于韩国南部，是釜山著名的旅游胜地，被誉为韩国八景之一。景区最吸引人的是蜿蜒曲折的白沙滩，长约 2 公里，沙质松软，洁净如玉海水清澈，气候宜人，夜晚在灯光的映照下尤为美丽，非常适合休闲度假。附近的著名景点有迎月路、温泉、冬柏岛、海云台沙滩节、奥林匹克公园、釜山市立美术馆等，是釜山旅行最火热的景点之一。

■ 不要门票也能 High

1. 来海滨浴场玩，一定要记得携带防晒霜、泳衣、太阳镜、游泳圈等物品。此外，海云台的温泉特别有名，是韩国唯一的和海洋相近的温泉，其水温 45℃～50℃，对肠胃、妇科病、皮肤病有特殊疗效。

2. 在海云台游玩，最惬意的事情就是傍晚在海边漫步，很多当地居民和国外游客都会聚集在这里，吹着海风，听着海水拍打岸边的声音，十分惬意。

冬柏公园（Dongbaekseom Island）即冬柏岛，过去曾是海中岛屿，如今已于内陆相连。2005 年，APEC 会议在釜山成功举办，整个冬柏岛的环境也重新进行了整顿。岛上散步路得到改善，更设置了羽毛球场、长椅、洗手间等便利设施，再加上岛上原来美丽的自然风光和 APEC 世峰楼，使得来往的游客络绎不绝。

🟪 不要门票也能 High

1. 冬柏岛非常小，岛上生长着茂密的冬柏树和松树，阳光明媚，碧海蓝天，树影斑斓，景色十分漂亮。岛上的山顶上，竖有新罗时代末期崔志远先生的铜像和碑文，也是他赋予了这片土地"海云台"之名。冬柏公园内设有散步路，非常适合人们一边欣赏大海风景一边散步。

2. 岛上有一个 2 米多高的人鱼雕像，至今流传着一个美丽的传说。据说人鱼国的黄玉公主嫁给了海云台龙宫的恩惠王。但是小公主思念故乡，每月十五的月圆之夜，都会来到海边，眺望故乡。

APEC 世峰楼（Nurimaru APEC House）是为召开 2005 年世界首脑峰会而建，现已成为纪念馆及高级国际会议场，是釜山市的象征性旅游景点。APEC 世峰楼共三层，全部用透明玻璃和钢化支架建成，坐落于自然景观优美的冬柏岛上，在其内便可以欣赏到周边的美丽风景。其造型借鉴了韩国传统的建筑"亭子"，并加入了现代元素，屋顶的线条描绘了冬柏岛的轮廓，使整座世峰楼具有独特的建筑风格。其内部装饰从韩国创造性传统文化的角度入手，设计了以韩屋大厅为概念的建筑形式。它曾被各国首脑以及国内外媒体评价为历届世峰会最美的会场。

👑 Part3 釜山
釜山市区

2

· 冬柏公园 ·

旅游资讯

🏠 釜山广域市海云台区佑洞

📞 051-7495700

🚐 乘坐地铁 2 号线在冬柏站 1 号出口出，步行 10 分钟即到

@ etour.busan.go.kr

👑 Part3 釜山
釜山市区

3

· APEC 世峰楼 ·

旅游资讯

🏠 釜山市海云台区冬柏路 116 号

📞 051-7431975

🚐 可乘地铁 2 号线在冬柏站 1 号出口出来，步行 10 分钟即到

🕐 10:00 ～ 17:00

@ www.busan.go.kr

不要门票也能 High

世峰楼周边景色宜人，迎海而建，碧绿环绕，在门口还能看到海云台的绝美景象。世峰楼的二层是高级宴会厅，是作为国际会议场所而使用的宴会厅和会议厅。世峰楼三层的 APEC 纪念馆里，还保留着 2005 年会议举办的样子，建筑外还有与会各国首脑的模型。你可以与这些"国家首脑"合影留念，而这里汇集了松柏、鹿、龟等动植物的巨大壁画，也非常值得一看。

Part3 釜山
釜山市区

4
· 五六岛 ·

旅游资讯

🏠 釜山市南区龙湖洞 197—4

📞 051—6377373

🚌 乘坐地铁 2 号线在海运台站下车步行 15 分钟转乘游览船可到

@ www.56dompa.or.kr

五六岛（**Oryukdo Island**）是在釜山南区沿海与内陆相连的 6 个岛屿，分别是方沛岛、松岛、鹰岛、锥岛、牡蛎岛和灯塔岛。其中离陆地最近的方沛岛和松岛底部相连，在涨潮时看起来是两个岛，退潮时就只能看到一个岛，这也是"五六岛"名字的来源。是釜山最具象征性的景点之一。

不要门票也能 High

观赏五六岛可以去建在海岸散步道最南端的天空步道，还可以看到远处的海云台海滩和海岸线。天空步道建在 37 米高的岩石绝壁上，向海面伸出 9 米的玻璃步道。走在玻璃步道上，看着脚下的悬崖峭壁和层层海浪，很是有趣。在这里远眺，视野开阔，是欣赏五六岛周边美景的绝佳场所。

海东龙宫寺 （Haedong Yonggungsa Temple）

与其他寺庙相比，最大的特点就是建在海边的岩石群上，海东龙宫寺也因此而广为人知。这里供奉着许多大小形态各异的佛像，也流传着许许多多的传说，其中最有名的是高达 10 米的石观音像和能实现一个愿望的传说。每年都有许多游客被其独特的地理位置和优美的景象吸引而至此。

不要门票也能 High

1. 进入海东龙宫寺，就是一条向下延伸的 108 层台阶，据说走完全程可以使人忘掉烦恼，变得心平气和。寺内环境秀美，树木众多，配上古韵古风的寺庙，使整个寺内充满了宁静祥和的气氛。

2. 1974 年，晸庵大师为恢复观音佛地之盛誉而在此进行百日祈愿。在祈愿结束的时候，仿佛出现了白衣观音乘龙升天的景象。由此将寺名改为海东龙宫寺。从此，这里便流传了一个在此寺诚心求佛祈愿，便可以实现愿望的传说。如果你有什么想要实现的愿望，不妨也来到此地祈愿一下。

Part3 釜山
釜山市区

5

·海东龙宫寺·

旅游资讯

🏠 釜山市机张郡机张邑侍郎里 416-3

📞 051-7227744

🚌 乘坐地铁 2 号线在海云台站下车步行15 分钟即到

🕐 04：00 至日落

@ www.yongkungsa.or.kr

Part3 釜山
釜山市区

6

·釜山博物馆·

旅游资讯

🏠 釜山市南区大渊4
洞948-1号

📞 051—6107111

🚗 乘坐地铁2号
线在大渊站下，从3、
5号出口出，沿UN
参战纪念塔方向步
行约600米可到

@ museum.busan.
go.kr

Part3 釜山
釜山市区

7

·太宗台·

旅游资讯

🏠 釜山市影岛区东
三2洞山29—1

📞 051—6107111

🚗 在釜山市区乘
坐8、30、88路等
公交车或坐游艇前
往；市政府到此车
程30分钟

@ www.taejongd
ae.or.kr

釜山博物馆（**Busan Maseum**）是釜山最重要的博物馆之一，于1978年开馆，是历史较为悠久的博物馆。其共分为地下1层和地上2层，有多个常设展馆，还有临时展示馆、户外展示场地等。该博物馆自开馆以来，通过挖掘、购买、捐赠等方式，保存了大量文化遗物，是了解釜山文化及地域特征的重要信息库。

🟪 不要门票也能 High

釜山博物馆被分为约6个大馆，主要是第一展示馆、第二展示馆、土窑展示馆、户外展示馆、捐赠馆和文化体验馆。游客可以在文化体验馆试穿龙袍、翼善冠、阔衣、圆衫等服饰，感受韩国传统服饰文化，也可以体验韩式茶道、拓本及印刷过程。不过，这些活动都是需要提前预约的。

太宗台（**Taejongdae**）位于著名的影岛上，是该岛南段最受游客关注的旅游胜地之一。太宗武烈王实现了三国统一霸业之后，曾在巡视全国的时候来到此地射箭游玩，故此地得名太宗台。影岛位于玄海滩突出的岬岛上，太宗台有其独特的美丽，青松扎根在峭壁之间，碧海映着蓝天，在明媚的阳光下秀丽异常，如果天气晴朗的话，人们还可以看到海对面的日本领土。附近还有游园地、眺望台、商店及松环岛公路等。

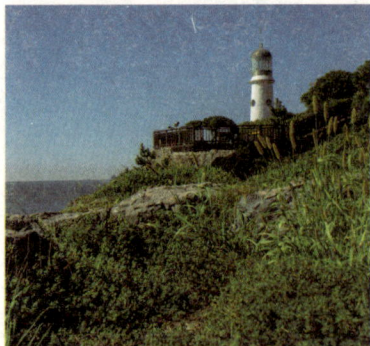

不要门票也能 High

1. 灯塔下形态奇特的神仙岩是韩国有名的旺夫石，相传是一个等候丈夫归来的女子，天长日久在此伫立而化成的石像。

2. 在最后一次干冰期后，釜山地区隆起，太宗台才形成了现在的样子。所以太宗台不只是一处美丽的景点，它也是可以了解釜山自然历史的地方。

金井山城 （Geumjeongsanseong Fortress）

曾被称为东莱山城，现在叫这个名字是因为其处在金井山顶。金井山城是韩国规模最大的山城，也是釜山知名的旅游胜地之一。20 世纪 70 年代初期，韩国将这里指定为史迹，并用了 2 年的时间复原了东、西、南门。目前，山城内有门楼，建于城门上，还有望楼，用于放哨时瞭望，游客可以在此回顾釜山的历史。

Part3 釜山
釜山市区

8

·金井山城·

旅游资讯

🏠 釜山市金井区金城区金井山一带

📞 051-5175527

🚌 乘坐地铁1号线在温泉站下车，换乘去山城的汽车

@ kumjungsansung.com

不要门票也能 High

1. 金井山城是金井山最著名的景点之一，这里的建筑雕廊画壁，颇有艺术气息，也非常古朴，在纯天然的环境映衬下，显得非常静谧。

2. 据说山城建于韩国的三国时期（高句丽、百济、新罗三足鼎立时期），建立初始是为了抵御外敌入侵，因此城墙比较高大，在 2 米左右或以上。山城内有门楼，建于城门上；还有望楼，用于放哨时瞭望；整个山属花岗岩地带，到处都是岩石溶洞及大大小小的岩石峰。

Part3 釜山
釜山市区
9

· 梵鱼寺 ·

旅游资讯

🏠 釜山市金井区青龙洞 546

📞 051-5083122

🚌 乘坐地铁 1 号线在梵鱼寺站 7 号出口出，乘坐巴士 15 分钟可到

@ www.beomeosa.co.kr

Part3 釜山
釜山市区
10

· 广安里海水浴场 ·

旅游资讯

🏠 釜山市营水区广安 2 洞

📞 051-6104211

🚌 乘坐地铁 2 号线在广安里站下车后沿指示牌即可找到

@ www.suyeong.go.kr

梵鱼寺（Beomeosa Temple）坐落在广为人知的金井山半山腰上，是韩国禅宗的总本山。梵鱼寺内有很多很重要的历史文化遗产，比如四块巨石为基座的一柱门、残存着新罗时期建筑风格的三层石塔、供奉着释迦牟尼佛祖的大雄殿等。梵鱼寺并不是特别热闹，也正因如此，它有一种独特的静谧氛围，经常能在此看到许多信徒虔诚的参拜，颇显神圣。

广安里海水浴场（Gwangalli Beach）拥有总面积达 8200 平方米的优质沙滩，在海云台的西部，是一个位于都市中心的优质海水浴场。广安里海水浴场的水质清澈透明，鱼类繁多，年轻人经常到此游玩。同时，海水浴场附近有浪漫的咖啡厅区和 300 多家生鱼片酒店，是游客饮食的好去处。同时，在广安里海水浴场也可以欣赏到雄伟壮观的广安大桥，夜晚的灯光也让这个地方充满了浪漫气息。

不要门票也能 High

1. 在市内有如此水质的海水浴场实属不易，清澈见底的大海有一种独特的魅力，鱼群畅游在斑驳的水影之中，海风细腻，水面波光粼粼，令人心生向往。

2. 广安里海水浴场前耸立的广安大桥是韩国著名的跨海大桥，非常有气势。夜晚的彩灯也会点亮大桥，使整片夜空绚丽多彩，十分浪漫。

绝影海岸漫步道（**Jeolyoung Promenade**）

长约 3 公里，步行完全程大约需要 2 个小时。漫步道的一侧是大海，沿线分布着咖啡厅、小公园和阶梯式喷泉，弯弯曲曲的小路在每一个拐角处都呈现出不同的景致。在漫步途中，钢琴台阶、摇晃桥和海浪广场等都能给你带来充满惊喜的愉快体验。阳光明媚的午后，在这里游览一番，是一份不错的体验。

不要门票也能 High

绝影海岸漫步道一带原是地形险峻的军事保护区，如今是市民们喜欢的休憩场所。2 个小时的路程并不算太短，建议做好防晒工作，穿方便行走的鞋子前往。漫步道风景极好，海面波光粼粼，不时有海浪拍打在岩石上，在阳光明媚的午后畅游在海风之中，惬意无限。

Part❸ 釜山
釜山市区

11

• **绝影海岸漫步道** •

旅游资讯

🏠 釜山市影岛区东三洞山 29–1 号

📞 051–4052004

🚌 乘坐地铁 1 号线在南浦洞站 6 号口出，换成 70 路、82 路或 508 路汽车至韩国科技高中站下，步行 5 分钟左右即到

龙头山公园（**Yongdusan Park**）是釜山市区最美丽的公园之一，深受釜山市民的喜爱。美丽的龙头山公园恬淡而有韵味，给来往的游客留下了很深的印象。公园坐落在形似龙头的龙头山上，面积约 69000 平方米。公园内植物繁茂，透过山间的密林还能看到美丽的海景。另外，龙头山公园的釜山塔也是釜山最著名的标志之一，登上釜山塔可俯瞰釜山的夜景。

Part3 釜山
釜山市区

12

·龙头山公园·

旅游资讯

🏠 釜山广域市中区光复洞 2 街龙头山路 37-55

📞 051-8607820

🚌 乘坐地铁 1 号线在南浦洞站下车后，从龙头山公园方向出口出去即可

@ yongdusanpark. bisco.or.kr

■ 不要门票也能 High

1. 位于龙头山公园门口的钟楼是龙头山公园的代表性建筑，是通过釜山市民的募捐活动而建立起来的。每年的除夕佳节都会有许多韩国民众聚集到此，等待新年的第一声钟响。

2. 龙头山公园内还建有李舜臣将军的铜像。李舜臣将军是韩国著名的民族英雄，曾在日本侵略时与明朝军队一同抗敌，仅靠 12 艘舰船便击败敌军 300 余艘战船，韩国电影《鸣梁海战》讲述的便是这场激动人心的大战。所以，李舜臣将军的铜像便成为韩国人心目中保卫国家、守卫民族的精神象征。

BIFF 广场（**BIFF Square**）原名 PIFF 广场，自 2011 年釜山国际电影节的英文缩写改为 BIFF 后，这里也正式更名为 BIFF 广场。每年秋天人们都会在这里的电影院和特定的露天会场放映电影以及举办各种活动，而平时的 BIFF 广场也有许多人聚集在这里，热闹非凡。随着这几年的发展，BIFF 广场已经不只是看电影的地方，它已经成为了集购物和娱乐于一身的综合文化空间，受到了许多年轻人的喜爱。

旅游资讯

🏠 釜山市中区南浦洞 5 街

📞 051−8607820

🚃 乘坐地铁 1 号线在札嘎其站 7 号出口出，步行 2 分钟

不要门票也能 High

1. 釜山国际电影节的举办时间为每年 10 月的第一个星期，为期十天。釜山国际电影节是亚洲最具规模的电影节之一，为亚洲电影的发展提供了很大的帮助。

2. 漫步在 BIFF 广场上，你可以在地上找到知名导演谢晋、张艺谋、北野武、侯孝贤等人的手印，还可以品尝街边的美味小吃，惬意而又悠闲地度过一天。

Part3 釜山
釜山市区

14

·札嘎其市场·

旅游资讯

🏠 釜山市中区南浦洞4街37-1

📞 051-2452594

🚌 乘坐地铁1号线在札嘎其站1号口出,步行两分钟即到

@ www.jagalchimarket.org

札嘎其市场(Jagalchi Market)是韩国第一大水产市场,其海鲜的种类之多和市场规模之大是其他地方无法比拟的,即使被称为釜山的代名词也不为过。在市场旁的港口能看到各种各样的渔船,每天清晨都会有300多种的鱼贝类被人从船上送进市场。这里一天到晚热闹非凡,悠闲的釜山人总爱在此就着海鲜小饮一杯,如果想了解真正的釜山人,一定要来札嘎其市场看一下。

🟪 不要门票也能 High

1. 札嘎其市场形成于19世纪后半期,其后新建的海鸥形象的大楼是其地标性建筑。市场的海鲜既可以批发又可以零售,无论怎样你都可以在此买到实惠的新鲜海鲜。这里有许多卖海鲜的"阿基梅",是釜山方言中大婶的意思,整个市场照常充斥着她们那精力充沛、带有浓厚釜山腔调的吆喝声,是札嘎其市场给游客留下的最深的印象之一。

2. 札嘎其市场最有名的美食当然要数生鱼片了,比较有韩国特色的一种吃法是蘸上辣椒酱,然后用生菜包着吃。一般生鱼片预算在每人20000韩元左右,调料的价格为每人3000~4000韩元,吃辣鱼汤的话则需要另外支付5000韩元。海鲜和酒的种类不同也有不一样的价格。最好先告诉摊主你想怎么吃,预算是多少,然后再挑选海鲜。

旅游资讯

🏠 釜山市影岛区东三洞山 29–1 展望路 209

📞 051–8607820

🚌 乘坐地铁 1 号线在南浦洞站下车后，从龙头山公园方向出口出去即可

　　天空公园（Haneul Park）是一个安宁的市民休闲公园，位置就在札嘎其市场附近。公园内设有景观台，站在景观台上俯瞰海景，开阔的景色令人激动。游客还可以通过景观台的望远镜远眺，周边市场热闹的景象，还有釜山影岛大桥的绝美风光都可尽收眼底。在札嘎其市场美餐过后可以到此散步，享受安静祥和的气氛。

旅游资讯

🏠 釜山市西区岩南洞山 193 号

📞 051–2404538

🚌 乘坐地铁 1 号线在釜山站下车；或乘坐 134 路市内巴士到松岛海水浴场下车，然后乘坐出租车前往

　　岩南公园（Amnam Park）交通便利，距离釜山市中心很近。公园内设有雕刻公园、瞭望台、云梯、散步路、广场、户外公演舞台、钓鱼台等旅游设施和体育设施，十分热闹。这里是集休闲娱乐于一身的市民空间。

📎 **不要门票也能 High**

　　由松岛海水浴场至岩南公园的这一段公路具有一定的人气。相比于驾车，步行也是乐趣非凡。沿途视野开阔，美景迷醉着双眼，清凉的海风扑打在脸上，实在难忘。

Part3 釜山
釜山市区

17

·多大浦梦之夕阳喷泉·

旅游资讯

🏠 釜山市沙下区多
大 1 洞 482-3 号支线

📞 051-2076041

🚌 乘坐地铁 1 号线
在新平站 4 号口出，
步行 200 米左右到
达汽车站，搭乘 338
路汽车在大宇公寓
站下车，步行 3 分
钟即到

多大浦梦之夕阳喷泉（Dadaepo Sunset Fountain of Dream）是韩国最负盛名的喷泉表演之一，人气极高，日均来访人数可达万人。喷泉最大直径 60 米，周长 180 米，喷水最高可达 55 米。随着音乐的变化及灯光的映照，多大浦梦之夕阳喷泉变化无穷，多姿多彩，非常壮观。

🟪 不要门票也能 High

1. 喷泉表演开始时间：4 月周二至周五 19:30；周六、周日及节假日 19:30、20:30；5 ～ 8 月周二至周五 20:00；9 ～ 11 月周二至周五 19:30，周六、周日及节假日 19:00、20:00。

2. 每周一是音乐喷泉定期休息的时间，遇到天气不好的状况，喷泉也会暂停开放。喷泉表演中，如果遇到强风，你很可能会被偏离方向的水柱淋湿，携带相机的话，一定要注意防水。可准备一条小毛巾和更换的衣服。

Part3 釜山
釜山市区

18

·甘川洞文化艺术村·

旅游资讯

🏠 釜山市沙下区甘
川洞文化村

🚌 乘坐地铁 1 号
线在土城站 6 号出
口，在釜武路交叉
口乘坐 No.17 巴士
到 Gamjeong 小学前
下车可到

甘川洞文化艺术村（Busan Gamcheon Culture Village）是一座位于半山腰上的色彩斑斓的小村落，被誉为"釜山的圣托里尼"。甘川洞文化艺术村原来只是破落的贫民区，在后来釜山的"胡同艺术工程"中，来自世界各地的志愿者为这座村庄带来了新的生机与活力。

🟪 不要门票也能 High

1. 如果要把这个艺术村全程游完并拍照的话，需要 2 个多小时。甘川洞文化艺术村的风景极好，从高处俯瞰整个村落，五颜六色的矮屋铺满了整个山坡，远远望去好像一座小人国。每到夜晚，艺术村中亮起昏黄的灯光，就像是一只只萤火虫在村中穿梭。

2. 游览甘川洞文化艺术村之前，可先到艺术中心或 Hanulmaru 旅游咨询处购买文化地图。地图后面印有到访纪念图章栏，游客在图片社、暗屋、光屋、书吧等六个地方获取纪念图章后，可在当天免费享受图片社冲印的服务。

二妓台都市自然公园（**Igidae Park**）临海而建，长约 2 公里，有形状独特的岩石和大面积的草坪。这里不仅是欣赏釜山海景的好去处，而且那些奇形怪状的岩石也让这里成为了著名的垂钓点。来到这里，你会发现许多的垂钓爱好者。另外，二妓台岩石上的恐龙脚印经常会让前来游玩的游客大吃一惊，正是这些诡异脚印的出现，才促成了二妓台都市自然公园的诞生。

▌不要门票也能 High

二妓台名字的由来源于一个历史典故。据说是朝鲜时代壬辰倭乱（1592 ~ 1598 年）时，倭寇曾在此地着陆并设宴庆祝，并召了两个"妓生"伴舞。所谓"妓生"，是指朝鲜时期为国王、大臣等提供歌舞表演的艺妓。两位妓生把倭军将领灌醉后，抱住将领一起投水身亡。此地即为安葬当时两位妓生的地方，人们为了纪念她们，将其命名为二妓台。

40 台阶文化观光主题街（**40-step Culture & Tourism Theme Street**）记载着韩国战争史、背井离乡的难民的悲欢离合，曾被选定为"釜山市综合评价最优秀街道"。40 台阶文化观光主题街长达 450 米，从国民银行中央东女行出发，经过 40 级台阶，到 40 台阶文化观光馆止。台阶上有纪念碑和雕像，生动再现了20 世纪五六十年代的街区情景，令人产生无限感慨。

Part3 釜山
釜山市区

19

·二妓台都市自然公园·

旅游资讯

🏠 釜山市南区龙湖洞

🚌 乘坐地铁 2 号线在大渊站下，乘车前往

Part3 釜山
釜山市区

20

·40 台阶文化观光主题街·

旅游资讯

🏠 釜山市中区中央洞 4 街 27 ~ 53 号

📞 051—6004043

🚌 乘坐地铁 1 号线在中央洞站 13 号出口出，步行五分钟

@ www.jagalchimarket.org

零元游釜山周边

· 釜山→蔚山

蔚山（**Ulsan**）市是拥有得天独厚的温暖气候的港口城市，也是著名的工业城市，是韩国六大广域市中面积最大的一个。蔚山市在韩国具有非常重要的经济地位，以港湾附近的两个国家产业园地为中心，拥有发达的汽车、化学、造船业和其相关产业。蔚山的发展离不开蔚山湾，蔚山湾与蔚山港、温山港、方鱼港连接，四通八达，蔚山通过这些港，不断地与世界各国扩大交流和合作关系。除此之外，被太和江横穿的蔚山市，用城市绿化带将自己分化为农渔村地区、周围东海岸和内陆地区，形成得天独厚的自然景观。

■ 前往蔚山

　　釜山到蔚山可以在釜山综合巴士客运站乘坐釜山 1127 路大巴到达。

盘龟台（**Bangudae Cliff**）以其悠久的历史和优美的风光而闻名。盘龟台外形奇特，山势与溪谷、奇岩怪石形成绝景，仿佛一只趴着的乌龟，因此称为盘龟台。从川前溪谷留下的溪水在此形成湖泊，自古便受到许多文人墨客的欢迎。除了其优美的自然风光外，盘龟台附近还有在高 10 米、宽 3 米的巨大岩石上雕刻而成的岩刻画，内容丰富、栩栩如生，生动记载了古人的生活场景和习俗。

蔚山大公园（**Ulsan Grand Park**）是一座拥有庞大游泳池、主题公园、户外公演场、多功能球场等设施的生态型都市公园。此外，公园的南门处还设有蝴蝶园、玫瑰园、迷你动物园等，每年 5 月 23 日至 5 月 31 日，这里还会举行热闹的蔚山大公园玫瑰节，常常令人流连忘返。蔚山大公园景色优美，设施齐全，是蔚山市民和游客休闲散步的好去处。

Part3 釜山
釜山周边

1

·盘龟台·

旅游资讯

🏠 蔚山市蔚州郡彦阳邑大谷里

📞 052-2296678

🚐 乘坐 807 路公交车在彦阳公交车站下车，转乘坐出租车前往

@ www.ulju.ulsan.kr

Part3 釜山
釜山周边

2

·蔚山大公园·

旅游资讯

🏠 蔚山广域市南区大公园路 94

📞 052-2718816

🚐 乘坐 205 路公交车在信一中学站下车，步行前往

@ ulsanpark.com

Part3 釜山
釜山周边

3
· 蔚岐公园 ·

旅游资讯

🏠 蔚山市蔚山东区
日山洞

📞 052-2093751

🚌 乘坐 32 路公
交车在大王岩公园
站下
@ donggu.ulsan.kr

蔚岐公园（Daewangam Park）是一处风景优美的海边公园，每年都有大量的游客到此欣赏美丽的海边公园景致。蔚岐公园中有一条美丽的海岸漫步道，两旁伴有青葱茂郁的海松林，小道上还散布着樱树、木莲、茶树、梅花、迎春花等，春天时百花齐放，伴随着远处一望无际的碧海蓝天，景色壮丽。蔚岐公园的大王岩是一块巨大的岩石岛，有铁桥与陆地相连，可轻易渡过。站在大王岩的瞭望台上远望，四周美景可尽收眼底，周边雄浑开阔，令人不禁为之赞叹。

Part3 釜山
釜山周边

4
· 镇下海水浴场 ·

旅游资讯

🏠 蔚山市蔚州郡西
生面斜下路 186 号

📞 052-2297643

🚌 乘坐 715 路公
交车在镇下海水浴
场入口站下车，步
行前往
@ english.ulsan.
go.kr

镇下海水浴场（Jinha Beach）沙滩宽广，风景优美，水温适宜，波浪平缓，设施齐全，深受广大摄影师以及游客的喜爱。海水浴场三面有松林环绕，松香怡人，氛围娴静，游客可在其中野营、野炊。碧绿的大海和松林之间夹着银亮的沙滩，景色绝佳。海水浴场附近的名胜岛，是欣赏日出的名地，也是垂钓爱好者聚集的地方，深受广大情侣和垂钓爱好者的喜爱。

艮绝岬（Ganjeolgot）是韩剧《May Queen》的取景地之一，被称为韩鲜半岛新千年的太阳最先升起的地方。艮绝岬上的灯塔是著名的风景观光地，沿着螺旋楼梯登上雪白的灯塔，眺望四周，景色壮阔秀丽。艮绝岬周围的洋槐花开放的时候，香气醉人，弥漫着优雅浪漫的气氛。

迦智山道立公园（Gajisan Provincial Park）位于梁州市，由迦智山、灵鹫山、元晓山、千圣山等山和通度寺、内院寺、石南寺等古迹组成。风景秀美，景点繁多，吸引了许多的登山爱好者前来。迦智山海拔 1240 米，西面与海拔 1189 米的天皇山相邻，树木葱郁，怪石嶙峋，闻名遐迩。公园中的灵鹫山景色秀美，被称为"岭南阿尔卑斯"，吸引了众多游客。灵鹫山下狭长清爽的山谷也使不少游客驻足在此。

不要门票也能 High

迦智山登山路线：
从千圣山出发
1. 内院寺入 - 口露田庵 - 山顶
2. 上北大成村 - 虹龙寺（虹龙瀑布）- 元晓庵 - 山顶
3. 熊上彩虹瀑布 - 元晓庵 - 山顶
4. 熊上上洞村 - 弥陀庵 - 山顶
从通度寺出发
1. 通度寺山门 - 极乐庵 - 白云庵 - 山顶
2. 通度寺山门 - 芝山村 - 山火监视哨岗 - 山顶
3. 通度 Fantasia - 山火监视哨岗 - 山顶

Part3 釜山
釜山周边

5

·**艮绝岬**·

旅游资讯

蔚山市蔚州郡西生面艮绝岬1路39-2
052-2285614
乘坐 715 路公交车在艮绝串站下车，步行前往
@ gjmcs.cokok.kr

Part3 釜山
釜山周边

6

·**迦智山道立公园**·

旅游资讯

庆尚南道梁山市内面三阳里
055-3922933
在釜山综合巴士客运站乘坐到新坪的公共汽车

釜山·旅游资讯

交通

飞机

　　釜山金海国际机场是韩国南部的空中枢纽，与首都首尔平均每小时有 2 个航班，还开通有与中国北京、上海、青岛、沈阳以及与日本东京、福冈、大阪等城市间的众多国际航线。这个机场一共有 2 座航站楼，分别是国际航线航站楼和国内航线航站楼。国内航线上，从首尔到釜山之间的航班，自每日 06:40 ～ 20:30 共计有 30 多次，平均所需时间是 50 分钟左右，票价大约是 6 万韩元。周五至周日的票价略高。

🏠 釜山市江西区大渚 2 洞 2350 号

📞 0051—9743114

🚐 可搭乘 201、310 路公交车直达市区约需 1 小时，或乘地铁 2 号线在德川站、3 号线在龟浦站下

@www.airport.co.kr

釜山金海国际机场巴士信息					
线路	起始站	终点站	首班车	发车间隔时间	费用
第一线	金海机场	韩华度假村	07:10	21:40	6000 韩元
第一线	韩华度假村	金海机场	05:10	19:50	6000 韩元
第二线	金海机场	釜山火车站	07:20	21:40	5000 韩元
第二线	釜山火车站	金海机场	05:50	19:40	5000 韩元

✦ 火车 ✦

　　釜山火车站在草梁洞（Cho-ryangdong）西南、中央洞（Jung-ang-dong）东北方，车次非常多，而且有直接的通道通向地铁"釜山驿"（Bu-san-yeok）站，只要乘坐1至3站路，就可以分别到达中央洞（Jung-ang-dong）、南浦洞（NaM-po-dong）、扎嘎其（Ja-gal-chi）等最釜山繁华的地区；要到冬柏岛（Dong-baek-do）或海云台（Hae-un-dae）可以乘坐公交车。

釜山各火车站电话一览表	
车站	**电话**
釜山站	051-1544778
龟浦站	051-402494
海云台站	051-402696
松亭站	051-406248
釜田站	051-402611

✦ 长途汽车 ✦

　　长途汽车也是首尔开往釜山的重要交通工具。在江南高速巴士总站每天从06:00开始到第二天凌晨02:00有70多班，大概需要5小时。东首尔综合巴士服务总站是从09:00～18:00，大概需要5小时30分钟。釜山主要的巴士线路都同韩国其他城市相接。从釜山前往首尔的巴士在江南高速巴士总站每天有70多班；往返于庆州和釜山的巴士在庆州高速巴士总站乘坐，从08:00～20:30，每天运行12次。

✦ 轮船 ✦

　　釜山可以说是韩国的水运中心，在釜山有一个海岸码头和一个国际码头。海岸码头每天都有通往济州岛、长承浦、忠武、丽水等地方的轮船。国际码头则有来往于日本福冈县博德、下关市以及中国青岛的轮船。

✤ 市内交通 ✤

釜山市区内的交通工具主要有 3 种，地铁、公交车和出租车。这几种交通方式是在釜山市区内穿梭，是最方便的交通方式，你可以根据喜好选择不同的方式。

地铁

釜山现在有 4 条地铁线路，还有一条通往金海国际机场的轻轨线路。每条线路的导向服务有韩语、英语等语言，不用担心看不懂导向语言。地铁 1、2、3、4 号线在介绍换乘车站时，会播放鸟鸣声来提醒乘客。乘釜山地铁，可以买通票，一日通票为 4500 韩元，7 日通票为 20000 韩元，月票为 55000 韩元。

釜山地铁线路信息				
线路名称	起点	终点	里程	费用
1 号线	老圃洞	新平	32.5 公里	成人 1 区间（10 公里内）1300 韩元，2 区间（超过 10 公里）1500 韩元；儿童 1 区间 1050 韩元，2 区间 1200 韩元
2 号线	梁山	苌山	45.2 公里	
3 号线	水营	大渚	18.1 公里	
4 号线	美南	安平	12.7 公里	

✤ 公交车 ✤

釜山的公交系统很发达，有 130 多条公交线路，连接着釜山的各个地区。釜山的公交车有普通的客车、座席客车、区内客车，一般是前门上车，后门下车。乘坐公交车要先准备好零钱，大多数车上都不找零。乘坐公交车可以刷卡，并且刷卡会比投币便宜一些。

釜山公交车票价								
车票支付方式	普通客车			座席客车			特级车、夜间车		
	成人	中学生	小学生	成人	中学生	小学生	成人	中学生	小学生
现金	12000 韩元	800 韩元	350 韩元	1800 韩元	1700 韩元	1300 韩元	2200 韩元	1900 韩元	1500 韩元
交通卡	1080 韩元	720 韩元	290 韩元	1700 韩元	1350 韩元	1200 韩元	2100 韩元	1550 韩元	1400 韩元

✤ 观光巴士 ✤

　　釜山有 4 条观光巴士路线，几乎覆盖了釜山的所有旅游胜地。到釜山旅游，乘观光巴士是最方便的，除了能很明确地到达目的地之外，在车上也能看到不错的风景。所有的观光巴士的首发站都是釜山站(乘地铁 1 号线在釜山站下 8 号口出）。

釜山观光巴士信息		
线路名称	经过站点	全程时间
海云台路线	釜山站→釜山市立博物馆→广安里海水浴场→世峰楼→海云台海水浴场→海云台站→新世界、乐天百货商店→市立美术馆→广安大桥→ UN 纪念公园→釜山站	1 小时 40 分钟
太宗台路线	釜山站→沿岸旅客码头→ 75 广场→太宗台→国际游轮码头→南港大桥→松岛海水浴场→札嘎其市场→釜山站	1 小时 40 分钟
夜景旅游路线	釜山站→广安里→海云台→迎月路→广安大桥 →金莲山→釜山站	2 小时 30 分钟
乙淑岛自然生态路线	釜山站→影岛大桥→南港大桥→松岛海水浴场→岩南公园→多大浦海水浴场、没云台→峨眉山观景台、乙淑岛 Eco Center →釜山站	3 小时 40 分钟
市中心循环路线	釜山站→黄金主题街→西面覆盖路→佐川洞家具街→光复路、龙头山公园→札嘎其市场→釜山站	1 小时 30 分钟

✤ 出租车 ✤

　　釜山的出租车分为普通出租车、模范出租车、Call 出租车等，其中有一种高级出租车（信息化出租车），车上设有为国外乘客设置的尖端同声翻译系统。普通出租车可以在出租车停车场乘坐。Call 出租车可供乘客随时叫车。建议不懂韩语的乘客可以乘坐 Call 出租车，这种出租车中有具有翻译功能的车辆。乘坐模范出租车可以使用信用卡付钱，乘客还可以免费使用出租车上的电话。

釜山出租车价格信息			
出租车种类	起步价	单位加价	夜间行车起步价
普通出租车	3000 韩元	100 韩元	白天的起步价基础上加 20%
Call 出租车	3000 韩元	100 韩元	白天的起步价基础上加 20%
模范出租车	4500 韩元	200 韩元	4500 韩元

美食

釜山的美食以海鲜出名，你可以到釜山鱼贝市场（札嘎其市场）或海鲜餐厅品尝用各种烹饪方法制作的生鱼片；也可以到海云台及广安里海冰浴场附近，进入门外有各种可爱卡通雕塑的海鲜店品尝。而家喻户晓的韩国烤牛排的起源地便是海云台，想要品尝正宗韩国烤牛排必定要去海云台；如果你喜欢饼类的美味，这里有著名的海鲜葱煎饼，定会让你一吃难忘；如果你喜欢精致好看的寿司，釜山也有很多餐厅提供。

釜山必尝美食

烤牛排

烤牛排可谓是釜山家喻户晓的美食，连当地居民都津津乐道。它的起源地就是釜山的海云台，这里的烤牛排通常先以盐巴、麻油腌制，然后放在铁板上烤熟，端上桌的牛排色泽金黄、香气阵阵，让人很有食欲。在釜山能看到很多专门吃烤牛排的饭店。

生鱼片

韩国的生鱼片比起日式的生鱼片，口味更为生猛，品种更加繁多。通常端上餐桌的满满的一大盘生鱼片里，有纳鱼、鲔鱼、旗鲷鱼、鲣鱼和鲈鱼等，盘子中间一般摆放花瓣的造型，非常有美感；吃鱼片时蘸着辣酱、醋、芝麻油和盐，简直鲜嫩美味到心里去了。

参鸡汤

用 3 个月左右的童子鸡配上韩国的高丽参，加上大枣等炖制而成的参鸡汤，确实有补气养血、滋阴补肾的作用。除了原味参鸡汤，还有鲍鱼参鸡汤等。人均消费在 1.5 万韩元左右。

海鲜葱煎饼

著名的海鲜葱煎饼，是用面粉加海鲜及葱煎成的，源于东莱温泉，也是釜山著名的小吃之一。通常面粉是白面和米面，海鲜用鲥鱼熬汤，再加上鸡蛋混匀，撒上葱末和海产品粒儿，蘸醋、酱油吃，美味无比。在街头小吃摊可以买到各色的海鲜煎饼。

■ 釜山美食餐厅推荐 ■

忠武生鱼片店

🏠 釜山市中区南浦洞 6 街 9 号
📞 051-2468563
🚌 乘坐地铁 1 号线，在南浦洞站下车，朝札嘎其市场方向走即到
🕐 24 小时营业

忠武生鱼片店位于釜山市中区南浦洞札嘎其市场。如果你想品尝釜山新鲜、美味的生鱼片，可以来这里一饱口福。店内有宽敞的座位，可以接待团体顾客。

锦绣河豚粥店

🏠 釜山市海云台区中1洞1394–65，距离海云台民宿不远

锦绣河豚粥店在当地很有名，属于老店。服务员热情而且善解人意，店内出名的是烤河豚和豆芽汤。河豚肉很鲜嫩，里面的豆芽和金针菇也很好吃；看似最不起眼的豆芽汤更是鲜美异常。

南浦参鸡汤

🏠 釜山市中区南浦洞3街12号
📞 051-2455075
🚗 乘坐普通公交车，如103、11、126、30、520路等均可到（大约有20多趟公交车可到）；乘坐快速巴士1000路（深夜）或者1003路也可到；乘坐地铁1号线在南浦站、Jagalchi站或中央站下车都能到
🕙 几乎全年营业，只在传统节假日前一天休息，当天营业时间10:00～22:00

南浦参鸡汤开业于20世纪60年代，拥有50余年的料理秘诀。肉汤是采用韩国产活鸡、糯米、金山人参和从各个产地直接购进的新鲜原料熬制而成，出汤需要24小时，味道非常纯正，散发着南浦参鸡汤独特的味道。你也可以品尝到添加了美味的鲍鱼做成的参鸡汤，还可以吃烤全鸡。

住 🏠 宿

 XXXXXX ✕✕✕✕✕✕

　　釜山有高、中档各种类型的酒店，还有供团体居住的公寓，以及价格实惠的近百个住宿地，加上釜山整个城市不算太大，所以在釜山市内寻找住宿地，就像找旅游景点一样容易。到海水浴场附近度假的游客，可在釜山市西面附近和海水浴场附近居住，这里有观海景的好住处，能让你一眼望到窗外蔚蓝色的大海，这样的房间价格会高些。不管怎样，釜山的住宿地和首尔的住宿地是比较类似的，根据不同的类型，住宿价格为2万～20万韩元每晚，你可以根据自己的需要选择最适合自己的住宿地。

釜山豪华酒店推荐

名称	地址	电话
釜山天堂酒店	釜山市海云台区海云台海边路 296	051–7422121
釜山诺富特大使酒店	釜山市海云台中洞 1405–16	051–7431234
釜山乐天酒店	釜山市釜山镇区釜田洞	051–8101000
水上皇宫大酒店	釜山市水营区广安 2 洞	051–7560202

釜山城市观光酒店

名称	地址	电话
Benikea Press 酒店	釜山市水营区光南路 21 号	051–6110003
东横 INN 酒店	釜山市中区中央大路 125	051–4421045
釜山康莫酒店	釜山市中区中区路 151	051–4669101

釜山人气酒店推荐

名称	地址	电话
釜山威斯汀朝鲜酒店	釜山市海云台区冬柏路 67	051–7497000
MK 汽车旅馆	釜山市海云台区龟南路 18 街 41	051–7310094
东莱温泉酒店	釜山市东莱区东莱路温泉洞	051–9120815

购物

如果你是一个喜欢购物的游客，你可以到光复洞（南浦洞地铁站下车），这里是釜山繁华的商业区；釜山的国际市场也是吸引大量游客前来的主要购物地。

在釜山游一圈，如果你不知道买什么，那你看过来，你可以购买韩国的化妆品，既便宜，又实用；你也可以购买红参、海苔、韩式咖啡等特产，这些都会让亲朋好友惊喜不已。

✦新世界百货

🏠 釜山市海云台区佑洞
📞 051-7452201
🚌 乘地铁 2 号线在新世界站下，在 10、12 号口出

新世界百货位于海云台附近，里面不仅出售有全球 60 多个世界名牌以及 680 个畅销品牌的商品，还有 SPA、溜冰场、书店、画廊等设施，是一个综合性的购物娱乐中心。新世界百货的地下一层与地铁站相连，交通非常便利。

✦南浦洞

🏠 釜山市中区南浦洞
🚌 乘地铁 1 号线在南浦洞站下车，需 10 分钟；或乘高速巴士，在南浦洞站下车

说到南浦洞，人们就会想起釜山国际电影节。每年秋季，著名电影人在这里相聚一堂，群星闪耀。南浦洞除了剧院多、电影院多之外，各种购物场所也数不胜数。购物区以主街为中心，在街边有大型的品牌专卖店，也有促销过季商品及国际名牌特价购物中心等。这里的商品物美价廉，并且尽显时尚元素和创作气质。另外，这里还有免税店和年轻人喜爱的 Young Casual 品牌卖场。

✦札嘎其市场

🏠 釜山市中区南浦洞 4 街 37-1 号
📞 051-2452594

札嘎其市场坐落在海边码头旁，是韩国最大、最有名的海产品批发零售市场，也是探寻韩国市民生活的一片乐土。这里不仅有买卖海鲜的摊位，还有数不清的海鲜大排档，是购买海鲜产品的好去处。徜徉在熙熙攘攘的市场里，看着新鲜的各种海产品，闻着飘散的海鲜味，岂不快哉！

✦国际市场

🏠 釜山市中区新昌洞四街
📞 051-2457389

如果你想买到物美价廉的商品，可以去札嘎其市场附近的国际市场。那里有时装、皮革制品、电子产品和玩具等出售，商品多，可供选择性大，而且可以砍价，一般都会比别的地方便宜 20% ~ 30%。

釜田市场

🏠 釜山市釜山镇区釜田洞573号

📞 051-8181091

🕖 07:00 ～ 19:00

釜田市场在地铁西面站和釜田站之间，由两大建筑和中间的一些小街道组成，规模庞大，历史悠久。这里有 450 多个农产品商店，120 多个水产品商店，及另外的一些药品店、人参专卖店、生活用品店等，大部分商品的价格都比较低。

釜山其他购物店推荐			
名称	地址	电话	简介
乐天免税店	釜山市釜山镇区伽倻大路772乐天百货商店釜山总店8层	051-8105000	包括香奈儿（CHANEL）、路易·威登（LV）、爱玛士（Hermas）和卡乐迪（Cartier）等 18 余个世界名牌；使用 VISA 卡有时还能享受一定折扣
乐天百货商店（光复店）	釜山市中区中央洞7街20-1	051-6782400	是韩国第一家海滨百货商场，店内囊括各种国内外知名品牌与休闲娱乐设施，优衣库(Uniqlo)、ZARA、MANGO、GAP 等专卖店等；还设有室内音乐喷泉

✖✖✖✖✖✖ 娱 🎤 乐 ✖✖✖✖✖✖

　　釜山的光复洞等地有大量的夜总会和其他类型的娱乐场所，去过釜山的人都觉得釜山的夜生活光怪陆离，丰富多彩。夜晚的釜山是忙碌的，在"享受"了白天的疲惫之后，你可以在夜晚来到绵延的海滩与神秘的大海来一回亲密的接触，聆听海浪拍打海岸的声音、呼吸着海边的空气，能够让你有重获新生的感觉。然后找玩的、找吃的，可以让你的夜晚不再那么漫长。每年 9 ～ 10 月，釜山电影节举行，众星云集，星光熠熠，精彩纷呈，让人流连忘返。

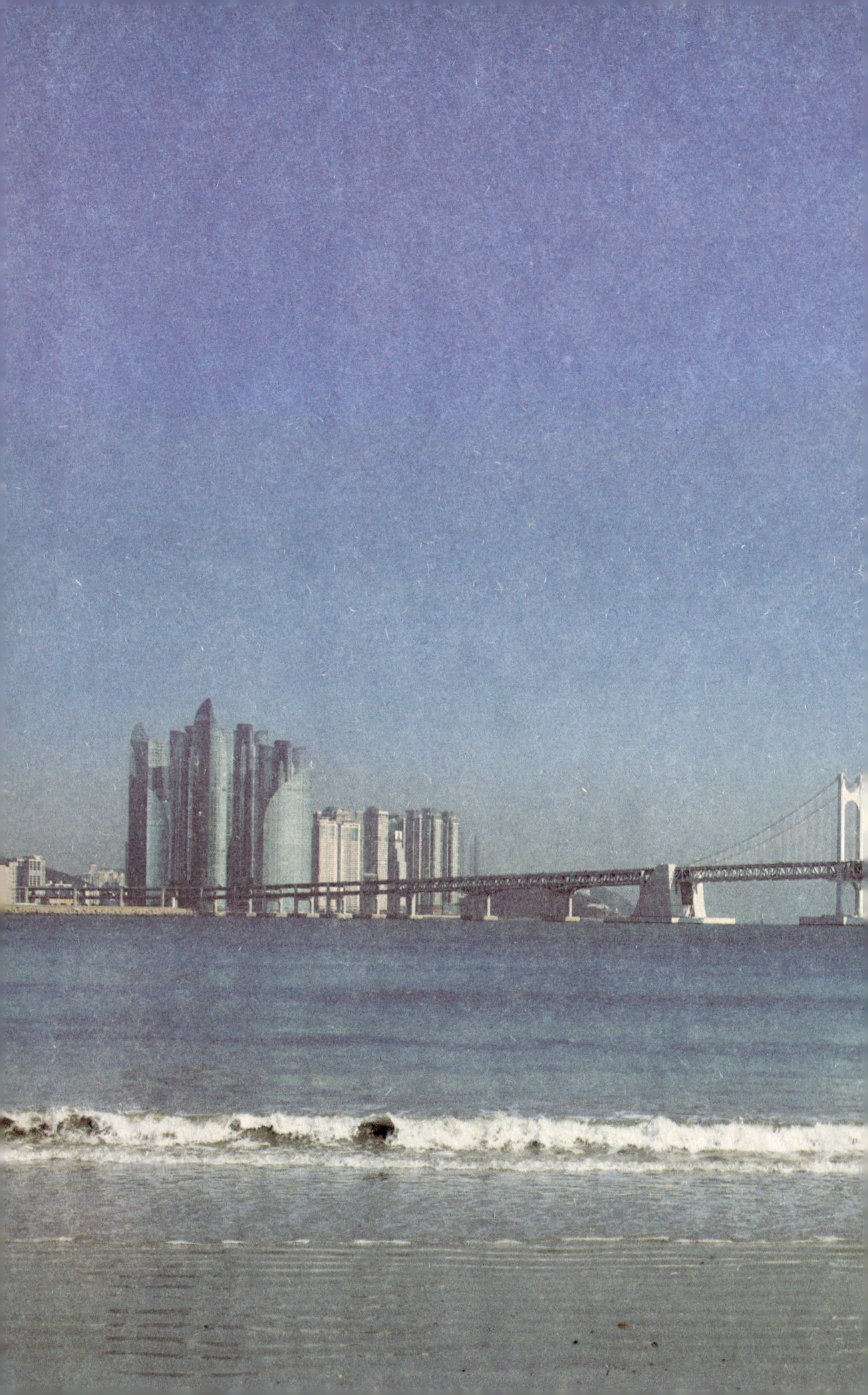

●广安里大桥

Part ④ 庆州
无需门票，体验庆州 "心" 玩法

1 · 庆州庆典别错过 ·

庆州曾是古代新罗王国的首都，所以许多的庆典都是围绕着新罗文化展开的，比如新罗文化节和新罗圣德大王神钟庆典。

庆州庆典资讯				
名称	时间	地址	交通	简介
新罗文化节	10月至12月	庆州市阏川北路庆州艺术的殿堂、佛国寺等	乘坐 30、40、50、60、210、216、230、232 路巴士在鸡林高中站下车	以新罗灿烂的历史文化为主题的活动庆典
动感韩国庆典	9月11日至10月11日	庆州市镜鉴路 614	乘坐 10、18、00、150 路巴士在博览会活动场下车	票价 10000 韩元，让全世界感受韩国公演魅力的庆典活动

续表

名称	时间	地址	交通	简介
新罗圣德大王神钟庆典	10月10日左右	庆州市瞻星路147	乘坐60路公交车在月星洞居民中心下车，步行至瞻星台	以圣德大王神钟为主题，有敲钟活动和新罗文化体验等项目

Part3 庆州
庆州市区

2·旅游信息中心免费资讯·

在庆州有两个免费咨询处，一个位于庆州站，另一个位于新庆州站，如果对庆州不了解的旅客可以先去咨询处咨询一下，同样，有问题也可以打电话进行咨询。

庆州旅游咨询处信息				
名称	营业时间	地址	交通	电话
庆州站旅游咨询处	09:00 ~ 18:00	庆州市源花路260，庆州站内	乘坐11、600、603路巴士在庆州站下车	054-7723843（韩、英、日、中）
KTX新庆州站旅游咨询处	09:00 ~ 20:00	庆州市乾川邑新庆州站路80新庆州站内	乘坐50、51、60、61、70、700、203路巴士在新庆州站下车	054-7711336（韩、英、日、中）

零元游庆州市区

Part 4 庆州
庆州市区

1

· 庆州南山 ·

旅游资讯

🏠 庆州市塔洞、拜洞、内南面一带

📞 054-7717142

🚌 在庆州高速巴士客运站或庆州市外巴士客运站下车，乘坐前往统一殿的 11 路公交车或前往庆州三陵方向的 500 路公交车即到

@ www.san.go.kr

庆州南山（Gyeongju Namsan Mountain）

因其地理位置得名，位于庆州南部。南山并不算高，但其风景却不输韩国的任何名山，站在山顶可以俯瞰庆州全貌，崇山峻岭、峰峦叠回、溪谷岩石，赋予了南山充沛的生命力。同时，山上还有 59 座石佛、38 座石塔、55 处庙址，是 1000 多年来的民族信仰和佛教信仰遗留之物。优美的自然风光配上古色古香的佛教建筑，使整个南山充满了灵气，是庆州旅游必去的景点之一。

> **不要门票也能 High**
>
> 南山周边骑行路线
>
> 路线 1：五陵—萝井—杨山斋—昌林寺址—南涧寺址—幢竿地区—鲍石亭—祗摩王陵—三陵—景哀王陵—斗笠谷石造如来像—天官寺址
>
> 路线 2：仁容寺址—上书庄—扇子谷龛室佛像—塔谷扇子石磨崖雕像群—菩提寺石造如来坐像—统一殿—书出池—南山里寺址双塔

140

国立庆州博物馆（**Gyeongju National Museum**）

成立距今约 90 年，主要展出新罗时代首都的文化遗物，通过这些文物可以感受到新罗时代的艺术成就，非常具有历史价值。博物馆共分为本馆、第 1、2 别馆和室外展示场四个部分，陈列着大量陶器、美术工艺品以及庆州市内各巨大古坟挖掘出来的文物。如果你对佛教或华丽的宫殿文化感兴趣，就一定要参观国立庆州博物馆。

不要门票也能 High

第 2 别馆雁鸭池馆展出雁鸭池内发掘出的 3 万余件文物中的代表性文物。与其他展览馆展出王族坟墓中出土的作品不同，这里的展品以生活用品为主，种类很多，展现了新罗时代人民真实的生活风貌，看着这些文物常常使人浮想联翩。

半月城（**Wolseong Palace Site**）

原是新罗时期的王城，如今作为其遗址而保存了下来。其地形貌似弦月，故而又被称为新月城。半月城是由石头和泥土筑成的，长 1841 米，面积约为 20 万平方米，景点繁多。目前，半月城地下还铺有青铜器时代的无文土器、统一新罗时代的土器、瓦片和建筑物基石等。这里是感受历史变迁、体验新罗王朝风采的好去处。

Part4 庆州
庆州市区

2

·国立庆州博物馆·

旅游资讯

🏠 庆州市日精路 186 号
📞 054-7407518
🚌 在高速巴士客运站或庆州站乘坐 11、600、603 路巴士在博物馆前下车
🕐 09:00 ～ 18:00，周日及公休日延长 1 小时；4 ～ 10 月 周六 09:00 ～ 21:00。观览结束 30 分钟前截止入场
@ gyeongju.museum.go.kr

Part4 庆州
庆州市区

3

·半月城·

旅游资讯

🏠 庆州市蚊川路 47
📞 054-7798743
🚌 在高速巴士客运站或庆州站乘坐 11、600、603 路在巴士博物馆前下车，步行 5 分钟
@ guide.gyeongju.go.kr

Part4 庆州
庆州市区

4

·石冰库·

旅游资讯

庆州市文川路5号

054-7796079

乘坐 10 路、11 路、600 路市内公交车，在半月城下车即到

@ guide.gyeongju.go.kr

石冰库（Seokbinggo）是用石头做成的冰库，相当于古时候的冰箱。如今作为一个景点，却依然有冰库的功效。石冰库一半在地上一半在地下，游客站在冰库门口便会感到有阵阵冷气袭来，这与它的建筑构造有很大关系。在古代，石冰库储存的冰块是韩国上层社会夏天最高级的零食之一。

不要门票也能 High

石冰库在建筑时用了很多石灰，可以起到防止外部的湿气和雨水进入的作用。花岗岩的顶部最后又抹了一层泥土，只留出了通风口。当储藏冰的时候，还用了稻草来隔热。这样的建筑结构体现了韩国古代先进的科学技术，不禁让人感叹古人的智慧。

善德女王陵（Royal Tomb of Queen Seondeok）是新罗时代第二十七代王善德女王的陵墓。善德女王是新罗历史上第一个登基做皇帝的女王，其在位时做了一系列惠国利民的政策。善德女王陵周长 73 米，是一座圆形的土坟。坟的底部是使用天然石块打的地基，没有任何装饰物，比其他王陵要小得多。

Part4 庆州
庆州市区

5

·善德女王陵·

旅游资讯

庆州市普门洞

054-7796079

乘坐 600 或 603 路巴士在南山站下，步行前往

@ guide.gyeongju.go.kr

善德女王作为新罗史上第一位女皇帝，执政尤为不易，虽然立下过多功绩，但其统领地区连年暴乱不断，她最终在病中去世，也有一种说法是她是在梦中被吓死的。韩剧《善德女王》的热播，也让善德女王的知名度大增。

骨窟寺（**Golgulsa Temple**）建于高大的石灰岩上，因有"磨崖如来坐像"而闻名。骨窟寺共有 12 个石窟，窟与窟之间的通道由石头打造的陡峭阶梯连接起来，沿着阶梯爬上山顶就可以看到磨崖如来坐像。另外，骨窟寺还设有可以体验佛教传统修炼法——禅武道的住宿体验项目，在师傅严格的指导下可以真切地感受禅武道的修习过程，深受广大游客喜爱。

"磨崖如来坐像"高 4 米，极具新罗风格。石佛脸带浅笑、束发，眼睛细小、唇薄，鼻子狭窄而细长。当你历经艰险爬上山顶，一瞻佛像尊荣时，一定会被其庄严之美震撼到。

Part4 庆州
庆州市区

6

·骨窟寺·

旅游资讯

🏠 庆州市阳北面安洞里 304 号

📞 054-7441689

🚌 在庆州市外巴士客运站搭乘 100、150 路公交车在安东三岔路口站下车，步行 15 分钟即到

@ www.golgulsa.com

零元游庆州周边

· 庆州→大邱

大邱市（Daegu）是韩国庆尚北道道厅所在地，旧名达城，位于洛东江中游支流琴湖江沿岸的山间盆地中，气候湿润。大邱轻工业发达，是韩国经济发展较好的城市。大邱旅游资源丰富，四周有八公、龙岩山、草莱峰等群山环抱，还有横穿市区的琴湖江，风景秀丽。大邱市内交通发达，设有地铁，出行方便，而且韩国许多知名的庆典，都是在此举办，非常值得一去。

前往大邱

可以乘坐京釜线到东大邱站，或从庆州高速巴士客运站乘坐大巴前往。

药令市（**Yangnyeongsi Herb Medicine**）是闻名国际的世界韩药材流通中心，曾经是韩国、中国、俄罗斯、欧洲等国家药材的集散地。大约 70% 的大韩民国韩药材交易都在药令市进行，花费要比市价优惠 20% ～ 40%，也正因为如此，这里也成为了注重健康的韩国人爱光顾的市场。药令市每年都会举办药草文化庆典活动，世界各地的游客都会来此学习韩国传统的医药文化。举办时间为每年的五月份，具体的举办时间要到官网查询，一般是在 10 号之前举办。另外，药令市经常作为韩国综艺节目的拍摄地。

药令市韩医文化馆：在药令市韩医文化馆里，你可以将药令市 300 多年的历史和这条药市小巷的由来一览无余。这里不仅可以看见古老的药店、大夫诊脉煎草药的模样，还可以看见 100 多年前酒客与酒家的模样，是感受古老医药文化的好地方。

大邱药令市韩方文化节：大邱药令市场拥有 300 多年的历史。庆典的体验活动很多，例如切韩药、包药贴、制作韩方香皂等。你可以在庆典上见到韩国种类繁多的传统药草，也可以学习韩国传统的药草知识，感受韩国博大精深的药草文化。

Part4 庆州
庆州周边

1

· 药令市 ·

旅游资讯

🏠 大邱市中心南城路一带

📞 053—2534729

🚌 乘坐大邱地铁 1 号线到半月堂站下车，从 15 号出口出，步行 5 分钟即到

@ herbfestival.org

Part4 庆州
庆州周边

2
·头流公园·

旅游资讯

🏠 大邱市达西区公园循环路 36

📞 053—6251949

🚌 乘坐地铁 2 号线在头流站下车，步行 20 分钟可到

@ english.daegu.go.kr

头流公园（**Duryu Park**）景色优美，而且文化、教育、体育设施齐全，经常会举办一些庆典活动，也因此成为了大邱市民最喜爱的公园之一。头流公园中约有 15 万株树木，一年四季都有各色的鲜花绽放。园内圣堂池的喷泉，在烈日炎炎下成为了避暑的好去处。同时，公园内还设有足球场、棒球场、多功能运动场、图书馆、雕刻公园、2·28 纪念塔、大成寺、碧泉瀑布等，是大邱最具代表性的公园之一。

Part4 庆州
庆州周边

3
·大邱炸鸡啤酒节·

旅游资讯

🏠 大邱市达西区公园循环路 36

📞 053—2489998

🚌 乘坐地铁 2 号线在甘三车站下车，转乘 750 路公交车在金凤十字路口站下车

@ www.chimcfestival.com

大邱炸鸡啤酒节（**Daegu Chicken and Beer Festival**）是韩国最受欢迎的庆典活动之一，以深受韩国人喜爱的"啤酒炸鸡"为主题，于每年 7 月在大邱举行，是韩国最具代表性的庆典。美味的炸鸡啤酒，热闹的庆典氛围，再加上丰富多彩的庆典活动，会给你留下一段难忘的记忆。

🟪 不要门票也能 High

1. 在庆典活动中，游客可以欣赏与炸鸡啤酒相关的各种展示，也可以直接参与各种体验活动与试吃活动。

2. 大邱炸鸡啤酒节附带活动：（1）直接制作 DIY 烤鸡；（2）进行炸鸡啤酒圣地巡礼；（3）为国外游客准备的韩流俱乐部；（4）全新餐饮空间"炸鸡啤酒银杏树广场"；（5）炸鸡啤酒自驾游；（6）移动型炸鸡啤酒 BAR；（7）都市中心的 RPG 炸鸡奔跑赛。

大邱国际音乐节（**Daegu International Musical Festival**）是韩国唯一一个国际性音乐庆典。起初的举办是为了大力发展音乐产业，培养出一流的音乐人才，如今的大邱国际音乐节已经成为了大邱的代表性文化产业，主要内容包含精彩好看的音乐剧以及各种附带音乐活动，甚至有后台探访，与明星进行近距离的接触。大邱国际音乐节为音乐创作人提供了相互交流的机会，也给观众带来了无尽的音乐享受。

Part4 庆州
庆州周边

4

·大邱国际音乐节·

旅游资讯

🏠 大邱市东区东大邱路 461

📞 053—6221945

🚌 乘坐地铁 1 号线在东大邱站下车，步行前往

@ www.dimf.or.krwww.dimf.or.kr

大邱方子铜器博物馆（**Daegu bronze Museum Prescription**）是韩国最早的方子铜器主题博物馆，非常独特。博物馆占地面积约为 17880 平方米，分为地上两层和地下一层，拥有展示室、资料检索室、文化厢房、影像教育室、户外公演场、企划展厅等设施。收藏着包括乐器、食器、宗庙祭器等 275 种类别的约 1480 件铜器，是能让人全方位了解韩国方子铜器发展史的重要博物馆。

Part4 庆州
庆州周边

5

·大邱方子铜器博物馆·

旅游资讯

🏠 大邱东区道鹤洞道场路 29

📞 053—6066171

🚌 乘坐往返于大邱车站与旅行者之村的公共汽车

🎯 4 ～ 10 月 10:00 ～ 19:00；11 月至次年 3 月 10:00 ～ 18:00；每周一、1 月 1 日、春节、中秋当天闭馆

旅游资讯

🏠 大邱市寿城区青湖路 321

📞 053—7686052

🚌 乘坐循环 3、循环 3-1、349、414、414-1、427、449 等路巴士可到

@ www.daegu.museum.go.kr

国立大邱博物馆（**Daegu National Museum**）
保存和展示了很多大邱和京畿北道具有特色的文化遗产，以其别致清雅的风格闻名，富有很强的艺术性。博物馆内设有三个展示厅和一个企划展厅，还有体验学习室、视听室和图书室等，陈列着佛教雕塑品、佛教工艺品、高丽青瓷、朝鲜白瓷、粉青瓷器等艺术品。而且馆内还有许多游客可以参与的体验项目，很值得一看。

■ 不要门票也能 High

在国立大邱博物馆内有传统染料植物园、传统药草学习场和谷物学习场，从中你可以学习到有关韩国传统草药、植物、谷物等的知识，体验韩国古代人民的勤劳与智慧。如果累了，也可以在博物馆周围的花间小路或小山上，一边欣赏大自然的优美风光，一边休息，悠然自得。

·庆州→浦项

浦项市（**Pohang**）是韩国的一个港口城市，东临迎日湾，附近土地肥沃，鱼类丰富，原来是一个渔村，现已成为韩国最大的钢铁城。浦项是世界最大的钢铁公司之一———浦项制铁公司的总部所在地，这里聚集了大量来自世界各地的科学家。同时，浦项的海水浴场、宝镜寺等，也是许多游客心中的旅游胜地。

■ 前往浦项

从庆州到浦项，可以从庆州长途客运站乘坐大巴前往。

浦项国际烟花节（Pohang International Fireworks Festival）每年夏天（一般在 7 月末至 8 月初举行，为期四天，具体时间请参考官网）都会在"兄山江体育公园"与"北部海水浴场"等地展开，主要活动有国际烟火大赛、光之都市表演、烟火游行等，还有浦项国际戏剧节、烟火艺术大展等活动。浪漫美丽的创意烟火，绚丽多彩，令人不禁为之赞叹。

虎尾串迎日广场（Homigot Sunrise Square）是新千年韩民族迎日庆典举办的场所，占地面积约 3 万平方米。如果把朝鲜半岛看成是一只老虎的形状，那么虎尾串就是向上翘起的虎尾部分。位于海边的相生之手，是虎尾串广场最引人瞩目的地方，象征着大海和陆地的和谐相处。广场上还有许多形象各异的雕塑，使整个虎尾串广场充满了浓厚的文艺气息。

Part4 庆州
庆州周边

1

·浦项国际烟花节·

旅游资讯

⌂ 浦项市北区海岸路 95 号
☎ 054-2708282
🚌 从浦项高速巴士客运站搭乘开往兄山江转盘方向的巴士，步行约需 25 分钟
@ piff.ipohang.org

Part4 庆州
庆州周边

2

·虎尾串迎日广场·

旅游资讯

⌂ 浦项市南区大浦面大浦里一带
☎ 054-2702241
🚌 乘坐 200、200-1 路公交车在九龙浦站下车即到
@ sunrise.ipohang.org

旅游资讯

浦项市北区斗湖洞海岸路95

054—2407863

乘坐市内巴士101、105、200、250路可到

@ phtour.ipohang.org

迎日台海水浴场（Yeongildae Beach）拥有长1750米、宽40～70米的白沙滩，是韩国东海岸规模最大的海水浴场。浴场配套设施齐全，拥有丰富多样的水

上娱乐项目和风景优美的海岸风光。坐在道路旁的小亭子中，一望无际的大海和开阔的沙滩出现于眼前，柔软细腻的海风扑面，心中便多了一份悠闲与惬意之感。

旅游资讯

军威郡缶溪面南山里、山城面白鹤里、孝令面梅谷里

053—6025900

乘坐市内一般巴士401路可到

@ www.gbpalgong.go.kr

八公山道立公园（Palgongsan Provincial Park）中的八公山是韩国有名的灵山，山上处处可见供奉着的佛像,有人甚至称之为"佛的国度"。八公山风景秀丽，山谷之间充满了奇岩怪石和茂密的丛林，山体形似三尊巨大的佛像，因而在韩国名气很大。同时，八公山到处可见供奉的药师佛，被誉为韩国药师信仰的发源地。行走在充满灵气的八公山上，会让人丢掉所有的杂念，得到片刻心灵上的净化。

不要门票也能 High

登山线路

1. 大邱机场—八公山循环道路—架山山城—三尊石窟—大栗里—麟角寺—獐谷里休养林—华山山城—大邱

2. 大邱机场—永川银海寺—麟角寺—庆北果汁工厂—三尊石窟—大邱

庆州·旅游资讯

 交 🚗 通

✦飞机✦

庆州没有机场，去庆州要先坐飞机到大邱机场、浦项机场、蔚山机场或其他邻近城市的机场，然后再转乘汽车到庆州。

大邱机场

大邱机场（Daegu Airport）是连接韩国的庆北大邱地区唯一的国际交流中心枢纽，距离大邱市中心仅30分钟的路程，距离庆州、安东、浦项等庆北著名旅游景地90分钟的路程，是岭南地区的重要机场。

🏠 人邱市东区机场路221

📞 053—9805290

🚌 乘急行1路巴士，或101、101—1、401、719（座席）路巴士都可到机场

@ www.gimpo.airport.co.kr

浦项机场

浦项机场距离浦项市政府约11.5公里，建有宽阔的停车场和各种附带设施。这里有到首尔、济州等城市的航班。

🏠 浦项市南区东海面都邱1里402—1

📞 054—2897399

🚌 乘坐200路、200—1路巴

士到浦项机场

@ www.muan.airport.co.kr

蔚山机场

蔚山机场开设有到首尔、济州等城市的航线。

🏠 蔚山市北区松亭洞522号

📞 052—2887011

🚌 乘坐402、412、432、442、452、712、722、732、1402等路巴士可到机场

@ muan.airport.co.kr

首尔到浦项和蔚山机场的航班信息（仅供参考）				
路线	航空公司	首班时间	末班时间	班次（一天）
首尔到浦项机场	大韩航空	08:40	17:00	2 班
首尔到蔚山机场	韩亚航空	08:50	15:55	7 班
	大韩航空	07:00	20:25	10 班

从韩国各机场到达庆州		
机场	乘车方式	咨询电话
仁川国际机场	去机场地方巴士乘车场（1 楼 10C）乘前往庆州市外巴士客运站的汽车或乘坐庆北 A–JIN 的班车	054–3551241
蔚山机场	乘坐 1402 路或 722 路公交车或出租车到蔚山市外长途汽车站，乘坐前往庆州方向的长途车	—
浦项机场	乘坐 200 路公交车到浦项市外长途汽车站，乘坐前往庆州方向的长途车	—

✦火车✦

庆州主要有两个火车站，分别是庆州站和西庆州站。庆州与首尔、釜山等城市之间都有火车连接，你可由首尔乘京釜线、中央线"新村号"火车到庆州，全程约 4 小时 10 分钟。在庆州坐火车，可以电话预约，也可以网上预约，但是开车前 30 分钟内是不能预约的。网上预约的网址：www.qubi.com，韩国铁路公社官网：www.korall.go.kr。

庆州各火车站信息		
车站	地址	电话
庆州站	庆州市城东洞 40 番地	054–15447788
西庆州站	庆州市见谷面金丈里 466–1	054–7753214

汽车

庆州的高速汽车站有发往达首尔、釜山、大邱、大田、光州方向的高速汽车，到周边机场方向，如浦项机场方向与釜山金海机场方向的汽车。庆州开往蔚山机场方向的汽车，途中经由普门观光团地和佛国寺。乘坐汽车可以在车站购买到车票。庆州的长途汽车站主要是发往江陵、海云台等方向的汽车。

往返于庆州与其他城市间的汽车信息				
线路	首班车	末班车	发车间隔时间	运行次数
首尔到庆州	06:00	23:55	30 分钟	25 班次
釜山到庆州	08:50	22:30	1 小时 10 分钟	12 班次
光州到庆州	09:40	16:40	7 小时	2 班次
庆州到蔚山	06:30	23:20	15 分钟	48 班次
庆州到浦项	05:20	22:50	10 分钟	约 70 班次
庆州到江陵	06:00	16:10	45 分钟	13 班次

市内交通

公交车

庆州市区面积不大，公交车的线路很多，交通非常方便。通过市内的公交

车，很容易就能到达分布在庆州市区的景点。而分布在市外的景点，则可通过专门的旅游巴士到达，观光最方便的路线是经普门观光团地、佛国寺、博物馆又回到汽车站的循环线。

庆州的公交车有一般公交车和座席公交车 2 种，都是从前门上车，然后付车费，可找零。

庆州市内的主要公交路线信息		
线路	运行时间	主要经过站
10 路	06:08 ~ 21:40	佛国寺方向，经过主要站点：芬皇寺、普门区、世博公园、民俗工艺村、佛国寺、博物馆
11 路	06:00 ~ 21:55	佛国寺方向，经过主要站点：博物馆、佛国寺、民俗工艺村、普门区、世博公园、芬皇寺
12 路	08:40 ~ 17:20	佛国寺—石窟庵
15 路	07:00 ~ 18:30	客运站—普门村
16 路	06:20 ~ 19:50	市内—普门—荪谷
17 路	06:20 ~ 07:00	客运站—普门—雅洞
18 路	06:15 ~ 20:20	市内—普门区—暗谷
100 路	06:00 ~ 22:00	市内到甘浦，经过主要站点：芬皇寺、世博公园、祇林寺、石窟庵入口、甘浦
150 路	06:30 ~ 21:30	市内—阳南
200 路	06:30 ~ 21:30	王陵入口方向，经过主要站点：庆州站（左侧 300 米）、东川大厦、白流寺、阳东民俗村
500 路	06:30 ~ 21:30	武陵、丽水凤溪洞，经过主要站点：武陵、鲍石亭、三陵、内南面勇壮里、凤溪

✦出租车✦

　　庆州的出租车虽有计价器，但是司机一般都不打表，上车讲价的情况比较多。如果想方便和省时间的话，可以自己包一辆车，并在地图上标明自己想去的地方，然后交给司机即可。

✦自行车✦

　　庆州站前与大陵苑前，普门观光团地内都有自行车出租地。因为庆州市面积不大，乘公交车因景点之间的距离太近而不是很灵活，相比之下，骑自行车比较灵活，效率还很高。但要注意，从大陵苑到博物馆集中的一带，自行车禁止驶入。

美食

庆州著名的烤牛肉与各色火锅使人垂涎欲滴；用糯米及各种草药精心酿制而成的庆州名酒"法酒"尤其值得品尝；大邱的西门市场、七星市场等30余处市场有独具特色的"帐篷摊子"，在这里你可以品尝到各色风味小吃；海印寺的野菜也非常闻名。

庆州必尝美食

法酒

法酒具有上千年历史，是经过独秘制法制作的韩国名酒，芳醇的香味调和了高级传统米酒的浓烈。

皇南饼

"皇南饼"出产于庆州市皇南洞，并因此得名。它实际上是小小的圆形豆沙饼。该饼未添加任何人工甜味料和防腐剂，酥软且香甜，全部用手工制作而成。

菜包饭

在传统韩定食的基础上，特别推出用菜（白菜、生菜）包米饭和熟肉。庆州菜包饭餐厅主要密集在大陵苑（天马冢）附近。

155

庆州美食餐厅推荐

大湖韩式套餐

🏠 庆州市北军洞 132-5 号
📞 054-7456202
🚌 从庆州长途汽车站，乘坐公交车 10、11 路站在北军洞站下车
🕙 10:00～21:30
@ www.bomoondaeho.com

　　这家餐厅位于庆州普门湖尽头处，一直经营至今，颇受广大游客和当地居民的喜爱。餐厅的建筑风格为韩国传统韩屋，有带单间的主建筑。而在别馆建筑里，就餐时还可以欣赏到传统国乐表演，充满了古典氛围。

淑英民俗餐厅

🏠 庆州市皇南洞 13-5
📞 054-7723369
🕙 11:00～21:00

　　淑英民俗餐厅是由以前的韩屋改造经营而成，主要出售大麦米拌饭。使用大麦米的同时，为了迎合大众口味，加入了其他谷类做出细嫩滑口的米饭；提供海螺大酱汤，与大麦米饭完美结合，让人吃了难忘。拌饭的碗中放入了大约 7 种蔬菜与适量香油，香味扑鼻、清爽美味。在餐厅附近就是庆州特产皇南饼店，离开庆州时可以作为纪念品来购买。

巨龟庄

🏠 庆州市薪坪洞 220
📞 054-7457551
🚌 在市外巴士客运站（经庆州站）乘坐前往普门、佛国寺方向的 10 路巴士，在希尔顿酒店前下车，可以看到十字路口对面的巨龟庄
🕙 全年无休，08:30～21:30

　　巨龟庄已有 20 多年历史，位于普门旅游区内。餐厅服务水准及用餐氛围皆一流，食物美味可口，厨房干净整洁，由中国特级总厨房长亲自掌勺，可品尝到可口的原味排骨、艾蒿面条火锅，还有橡子凉粉等。人均消费在 1 万～1.5 万韩元。餐厅颇受外地游客青睐，尤其中国游客。此外，日本客人也经常来这里享用美食。

庆州其他餐厅推荐

名称	地址	电话	交通
平壤冷面	庆州市路东洞	054-7722448	乘坐公交车 31、40、80、502 路等在老城区下车，由皇南饼店旁边路口进入，大王影院旁
新罗餐馆	庆州市进岘洞63-4	054-7464750	—

住宿

　　庆州的高级大酒店在普门湖地区有 5 家，佛国寺有 1 家，而一般大酒店与韩式旅社多集中于庆州市中心。在庆州的住宿费用为 1 万～ 18 万韩元。如果住的酒店比较高级，需要支付的住宿费用就很高，但是非常方便、自在；你也可以投宿于民宿，一般 1 万多韩元就能度过一天，还能近距离体验庆州人民的传统生活。总之你可以根据自己的实际情况进行选择和安排。

庆州住宿地推荐

名称	地址	电话	特色
庆州现代酒店（Hotel Hyundai Gyeongju）	庆州市申平洞477-2 号	054-7482233	酒店位于著名的普门湖地区，地理位置便捷。不论是商务人士，还是观光游客，都可以尽情享受酒店内的设施和服务
庆州卡马多尔酒店（Commodore Hotel Gyeongju）	庆州市申平洞410-2 号	054-7457701	酒店位于普门旅游中心的步行范围内，配备了空调、有线电视和有线网络连接的客房
庆州套房酒店（The Suites Hotel Gyeongju）	庆州市普门洞110-9 号	054-7785300	坐落在普门旅游中心，距离金海国际机场约有 1 小时的车程，设有迷你高尔夫球场和免费互联网

购物

　　庆州盛产紫水晶，其他如刺绣、古典美术、传统手工艺品等也数不胜数。商店集中于市中心与佛国寺附近，免税店位于普门湖畔。在百货公司、免税店、人参销售中心、南大门市场、京东药材市场、地方土特产品产地等，可以买到著名的高丽参。高丽参分水参、干参、红参三种，其价格也相差悬殊。除了可直接使用根以外，为方便顾客，还为其提供参精、粉制品等多种产品。

除了高丽参，韩式器皿是游客选择最多的。韩式器皿有青瓷、白瓷、粉青砂器等，式样、颜色、质地多种多样，除家庭日用品外，可用于装饰的艺术器皿也有很多。一般家庭用及传统宫中用的器皿种类繁多，漆器、木器、玻璃器皿等均物美价廉。在庆州百货公司、南大门市场、碗碟专卖店、利种陶艺村可以买到韩式器皿。

此外，扇子、精致的礼盒、假面具、刺绣、木刻、螺细漆器制品及身着华丽的韩服的玩偶等，这些能充分体现韩国传统文化和生活艺术的东西，也是不容错过的购物选择。这些工艺品，在庆州民俗工艺村可以买到。

■ 庆州特产推荐 ■ 🎖

✦ 紫水晶 ✦

庆州的紫水晶远近闻名，想买紫水晶的话，最好去庆州皇南洞194–10号的达友紫水晶商社。该店是政府指定的紫水晶加工展示贩卖场，货色齐全。更重要的是该店有从中国东北去的导购小姐，交流、讨价无障碍，中国人去了会有宾至如归之感。紫水晶与玻璃的区别是，紫水晶较重，用硬物划表面不留划痕，对光照观察，一般有瑕疵。

✦ "旅游庆州"领带 ✦

"旅游庆州"领带是使用高级织物印制，其上的花纹图案都是庆州有名的古物，以展示千年历史新罗的姿态。由于其花纹图案是在庆州各地遗址出土的文物，不仅具有古代风格，而且其设计很新颖。

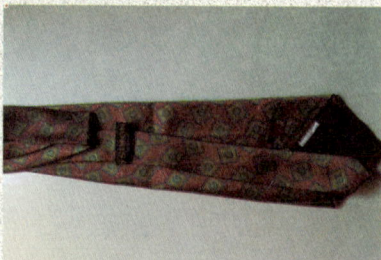

济州购物场所推荐

大邱东城路

🏠 大邱市中区三德洞1街
📞 053—8033791
🚌 乘坐大邱地铁1号线在中央路站下车步行10分钟；乘坐大邱机场大巴可到
🕐 11:00～23:00

　　大邱东城路是大邱的时尚之街，这里密密麻麻地挤满了各种时尚店铺，从个性十足的T恤，到各式各样的小型手工艺品，应有尽有，且物美价廉。

校洞法酒

🏠 庆州市校洞69
📞 054—7725994
💲 32000～76000韩元

　　校洞的崔氏家族的酿酒历史已经有350多年了。他们是用糯米和小麦制作酒曲，并以院里的泉水来酿制，目前，校洞法酒已被指定为韩国重要的文化财产。你可以直接去校洞购买，也可以打电话订购，不过上门购买会稍便宜一点。

新罗酒

🏠 庆州市安康邑检丹里1416号
📞 054—7629988

　　新罗酒是一个酒厂，主要经营新罗酒，另外也出售黄金酒，黄金酒的瓶子是半透明的磨砂瓶，非常好看。

佛国寺集市

🏠 庆州市九政洞

　　这个集市位于佛国寺附近，到佛国寺游览就可以顺便逛一逛了。这个集市的气氛很温馨，可能是因为这里的村民热情淳朴的原因。这里有质优的农产品销售，也有简单的小吃。每月4～9日是开集的日子，届时可看到很多来购物的人们。

皇南饼店

🏠 庆州市皇吾洞 347-1
📞 054-7497000

皇南饼是庆州著名的点心，饼里面是满满的豆沙，甜甜的、软软的，让人一吃就上瘾。每天来这里买皇南饼的人特别多，要买的话要早去，晚去就要排长队了。

隍城市场

🏠 庆州市隍城洞

隍城市场位于隍城洞住宅街中心，销售新鲜的海产品、各种水果、蔬菜等农产品，是隍城洞最为繁华的地区。周围还有饭店、面包店等商家，每天都很热闹。

Home plus 庆州店

🏠 庆州市龙江洞 800-11
📞 054-7708000
@ www.homeplus.co.kr

Home Plus 庆州店是一家连锁店，和中国的超市很像，内部商品种类很丰富，有很多庆州的特产和熟食出售。

✕✕✕✕✕✕ 娱 🎤 乐 ✕✕✕✕✕✕

　　庆州是以新罗文化为基础的文化观光产业城市，每年 10 月，在庆尚北道举办的"天马之梦"世界文化博览会，吸引了国内外大批游客前来观光。

　　在庆州你还可以参加各式各样的活动和体验，如猜酒名、传统茶道体验、四物农乐表演、海外民俗团表演、国乐表演以及演艺界人士庆祝表演等。当然了，如果你喜欢安静，找个地方一边饮酒，一边品尝传统小吃，也是不错的选择。

　　在庆州，悠闲地沿着马路或者乡间小路驾车游览，也是非常惬意的事情。

●善德女王陵

Part5 光州
无需门票，体验光州 "心" 玩法

Part5 光州
光州市区

1 ·光州庆典别错过·

光州市的庆典活动时代跨度较大，有现代的世界闻名庆典，比如光州惠特尼美术展；也有充满回忆的追忆 7080 忠壮庆典；还有以流传了 800 年之久的股斗游戏为主题的庆典活动。而最为知名的光州世界泡菜文化节，每年更是吸引着大批游客。丰富多彩的庆典活动，一定会给你留下深刻印象。

光州庆典活动资讯				
名称	时间	地址	交通	简介
光州股斗游戏庆典	2 月	光州市南区漆石洞股斗游戏传授馆	乘坐 61 路公交车在车战游戏传授馆站下车，步行前往	以传承 800 多年的股斗游戏为主题，还有许多其他丰富多彩的游戏，非常热闹
光州惠特尼美术展	9 月 5 日至 11 月 9 日	光州市北区惠特尼美术展路 111 号	乘坐 83 路公交车在双年展展览馆入口下车	每 2 年召开一次，国际性的美术展览，全世界各个国家作品都有展示
光州世界泡菜文化节	10 月 6 日左右	光州市北区河西路 50 号	乘坐 83 路公交车在双年展展览馆入口下车	以韩国泡菜为主题的文化庆典，展示了流传千年的韩国泡菜的美食文化

续表

名称	时间	地址	交通	简介
追忆 7080 忠壮庆典	10 月	光州市东区瑞南路 1	乘坐地铁 1 号线在文化殿堂站下车	主题鲜明的创造性城市庆典，活动项目老少皆宜，内容丰富

Part5 光州
光州市区

2·免费资讯助你游·

为给前来旅行的游客提供方便，光州机场和光州站都设有免费咨询处。如果你是第一次来到光州，对这里不怎么了解，或者遇到问题时，不妨去找一下咨询处的工作人员，要求他们给你一个合理的建议。同时，在光州旅游遇到困难时，也可第一时间给旅游咨询处打电话询问，他们会帮你解决难题。

光州旅游咨询处信息				
名称	营业时间	地点	交通	电话
光州站旅游咨询处	09:00 ~ 18:00	光州市北区无等路 235 光州站 1 楼	乘坐 27、18 路公交车在中兴三岔路口（北）下车	062－2339370（韩、英、日、中、俄）
光州机场旅游咨询处	09:00 ~ 18:00	光州市光山区尚武大路 420-25，光州机场候机室	乘坐地铁 1 号线在机场站下车	062－9426160（韩、英、日、中）

零元游光州市区

Part5 光州
光州市区

1
·艺术之街·

旅游资讯

🏠 光州市东区弓洞
📞 062—6082326
🚐 乘坐地铁1号线在锦南路4街站4号出口出，步行约500米即到
@ utour.gwangju.go.kr

艺术之街（Street Of Art）是光州地区最具代表性的街道之一。艺术之街主要展示和销售韩国的书画、瓷器等特色的工艺品，能让游客更近距离地接触韩国绘画、书法以及以南道唱为中心的南道艺术精髓，是光州旅行的必去之地。

🟪 不要门票也能 High

艺术大街全程观光需要1个小时左右，每到周六便是最佳的观光时间。周六的艺术之街是"无车之街"，整条街道上没有车辆通行，还会有各种丰富多彩的文化活动。另外，每个月南道文化艺术振兴会还会举办音乐会、光之庆典、公演、画廊文化商品展等艺术活动。

社稷公园（**Sajik Park**）是光州市民最喜爱的休憩场所之一。公园内建有复原后的社稷坛、警察忠魂塔、橡波亭以及作为射场的观德亭、可以眺望城市的展望塔等，景点众多，尤其是站在展望塔上俯瞰整座城市，景色宜人。社稷公园内还种有各种观赏用的花草树木，每年4月中旬，公园中的樱花盛开，光州市民也会到此欣赏美丽灿烂的樱花。

Part5 光州
光州市区

2

·社稷公园·

旅游资讯

🏠 光州市南区社稷路49号

📞 062-6720660

🚌 乘坐地铁1号线在锦南路4街站下车，转乘出租车前往约需10分钟

@ gjpark.gwangju.go.kr

中外公园（**Jungoe Park Culture Belt**）内各种游乐设施完善，景色秀丽，非常适合休闲。园内的惠特尼美术展博物馆区内的民俗博物馆和教育宣传馆、双惠特尼美术展展示馆等场所，既适合游玩，又适合休息，是市民们散心的好去处。每到秋天，还可以在此欣赏到美丽的丹枫。

Part5 光州
光州市区

3

·中外公园·

旅游资讯

🏠 光州市北区河西路50号

📞 062-5101513

🚌 乘坐64路公交车在双年展览馆站下车，步行前往

@ www.namdokorea.com

Part5 光州 光州市区

4

· 良洞市场 ·

旅游资讯

光州市西区良洞

062-3622042

乘坐地铁 1 号线
在良洞市场站下

@ eng.gwangju.go.kr

Part5 光州 光州市区

5

· 国立光州博物馆 ·

旅游资讯

光州市北区河西
路 110 号

062-5707000

可以乘坐开往博
物馆的 16 路、19 路、
26 路、35 路、55 路、
745 路巴士

周 一 至 周 五
09:00 ～ 18:00(售票
截 止 至 17:00); 周
六 09:00 ～ 21:00;
周 日 及 公 休 日
09:00 ～ 19:00(售票
截 止 至 18:00)

@ gwangju.museum.
go.kr

良洞市场（**Yangdong Market**）有光州市最大规模的传统市场之称，占地 10563 平方米，由 4 栋建筑物构成，分别售卖农产品、水产品、工业品以及其他物品等，约有店铺 340 多家。良洞市场还以销售的祭祀用品和婚礼用品质量好而出名。

不要门票也能 High

良洞市场每年 4 ～ 9 月的第一个及第三个星期日定期休市，10 月至次年 3 月则无休息日。在良洞有一家叫做卢武铉汤饭店的餐厅。卢武铉总统曾探访此地，餐厅一时名声大噪。

国立光州博物馆（**Gwangju National Museum**）分为地上 2 层、地下 4 层，面积 3305 平方米，包括展览室、文物保管设施和室外展览场等设施，有效加速了光州文化艺术的振兴发展和市民素质的提高。游客不仅可以在此参观学习，还可以参加博物馆内各式各样的体验活动。

证心寺（Jeungsimsa Temple）是光州最具代表性的寺庙之一。于 6 世纪修建完成，后历经多次修缮，形成了当时 500 罗汉的佛像。后又经历了战争的洗礼，几经修复。如今，证心寺保存着众多的佛教遗物，如五百殿、毘卢殿的佛像、新罗末期的石塔、梵钟阁等，其中五百殿保留下来的朝鲜初期建筑结构独特的极乐殿更是珍贵。

无等山（Mudungsan）海拔 1186 米，登上山顶可以俯瞰光州全景，是光州的象征。无等山山势并不险峻，登山并不费力，而且山上风景优美，树木繁茂，花团锦簇，小溪潺潺，登山过程尽享悠闲。无等山地势奇特，有瑞石台、立石台、龙湫瀑布等绝景，并且拥有悠久的寺庙等佛教遗迹及祖先之艺术遗产等，山顶的景色也是绝佳。

瑞石台：是一片犹如屏风一般屹立的巨大岩石群，每当夕阳的金色光芒照耀在这里时，就会散发出如水晶般的光芒，因此也被称为"水晶屏风"。

龙湫瀑布：是无等山唯一一处天然瀑布，高 9.8 米，从长风岭顺势而下。水清石峻，两侧树木郁郁葱葱，风景绝佳，夏季的树影和冬季的雪景更是令人印象深刻。

立石台：是风景绝佳的瞭望台，位于长风岭东侧 200 米处。每到秋天，总有许多人到此来欣赏漫山遍野的紫芒以及以红色丹枫为背景的圭峰。

6 ·证心寺·

旅游资讯
光州市中区证心寺路 177 号
062-2260107
在光州市内乘坐开往证心寺方向的 15、27、52 路巴士；在光州客运站前乘坐 09、50、51、54、76 路巴士在证心寺终点站下车
www.jeungsimsa.org

7 ·无等山·

旅游资讯
光州市东区芝山洞、全罗南道潭阳郡、和顺郡
062-2271187
乘坐公交 1187 路车在元晓寺站下车
www.namdokorea.com

167

零元游光州周边

1

·多岛海海上国立公园·

旅游资讯

🏠 全罗南道莞岛郡莞岛邑；全罗南道丽水市高兴郡、珍岛郡、新安郡

📞 061-5545474

🚌 从莞岛乘坐前往甫吉岛的游轮
@ knps.or.kr

多岛海海上国立公园（Dadohaehaesang National Park）是韩国最大的国立公园，面积 2300 多平方公里。公园历史悠久，在此曾经建立过海上王国和贸易中心，也经历了战争的摧残，现仍保存着许多历史的痕迹。多岛海海上国立公园景色优美，远处形状颜色各异的岛屿蔚为壮观，蓝天碧海与白沙滩相映成趣。此外，公园里还有能让游客一饱眼福的美丽红鸟，呈现一幅自然和谐的景象。

蟾津江梅花村（Gwangyang Maehwa Village）
以其山与山之间种植的大量梅花树而闻名。每年3月，雪白的梅花绽放之时，整个村庄犹如被白雪覆盖一般，圣洁美丽，银装素裹，吸引了大批的外来游客。而且在梅花村还有韩国规模最大的梅花树青果实农园，内有70年树龄的古树以及梅花树庄园等地。在梅花村旁的蟾津江中，游客既可以下水去抓鲜美的蚬子，也可以欣赏到蟾津江美丽的风光。

泉隐寺（Cheoneunsa Temple）是智异山三大寺庙之一，位于智异山中地理位置最好的地方，周围的景色优美，溪谷中瀑布飞流而下，两旁青山环绕，很有意境。泉隐寺内有一柱门、法堂极乐宝殿、垂虹楼等景点，门前还挂有朝鲜四大名笔之一的李匡师题字"智异山泉隐寺"，非常值得一去。

Part5 光州
光州周边

2

·蟾津江梅花村·

旅游资讯

🏠 全罗南道光阳市多鸭面道士里
📞 061-7972721
🚌 河东新院检问所乘坐前往多鸭的郡内巴士（运行9次），或乘坐出租车，需要10～20分钟
@ www.invil.org

Part5 光州
光州周边

3

·泉隐寺·

旅游资讯

🏠 全罗南道求礼郡光义面老姑坛路209号
📞 061-7814800
🚌 乘坐从求礼到泉隐寺的郡内公交车
@ www.choneunsa.org

Part5 光州
光州周边

4

·鸭绿游园地·

旅游资讯

🏠 全罗南道谷城郡
梧谷面鸭绿里 81

📞 061-3608308

🚌 在谷城巴士客运
站乘坐前往鸭绿方向
的客车

@ www.gokseong.
go.kr

Part5 光州
光州周边

5

·鸣玉轩苑林·

旅游资讯

🏠 全罗南道潭阳郡
古西面山德里 513

📞 063-2812790

🚌 从光州斗岩洞汽
车站搭乘前往潭阳古
西面方向的郡内巴
士，1 天运行 10 次

@ tour.damyang.
go.kr

鸭绿游园地（Amnok Resort）位于蟾津江和宝城江交界处，拥有面积巨大的白色沙滩，是韩国有名的避暑胜地。而且即使是在夏天，这里也少有蚊子，是全家野营的好去处。清凉的河水流淌，山间绿树繁茂，横跨江岸的半月桥和铁桥使这里的景色更加别致。除了美丽的风景和优良的避暑环境外，宝城江下游还有许多钓鱼台，钓鱼爱好者可以在此一展风采。江边的蟹汤、烤鱼、鲜辣汤等风味海鲜店，都能让你在欣赏风景的同时品尝到绝佳的美味。

鸣玉轩苑林（Myeongokheon Garden）是一座民间庭园，每到花季便盛开鲜艳的紫薇花。鸣玉轩是朝鲜中期吴希道旧宅的庭院，是正面 3 间、侧面 3 间，是歇山式屋顶的亭子，周围没有设置围墙，可供游客随意进来歇脚。此外，鸣玉轩旁的小溪会发出如玉盘落珠般清脆的声音，故命名为"鸣玉轩"。每年夏天，鸣玉轩苑林遍地盛开着鲜艳的紫薇花，整个林子仿若一个人间仙境。

🟪 不要门票也能 High

紫薇花的花期在 6～9 月，有"百日红"之称。紫薇树姿态优美，枝枝光滑洁净，紫薇花鲜艳美丽，繁茂多姿。每到花季，你可以坐在亭子里，欣赏这潺潺的溪水，清丽的荷花池，加上围绕身边的紫薇花，令人流连忘返。

光州·旅游资讯

交 🚗 通

✦ 进出光州 ✦

飞机

光州机场（Gwangju Airport）是光州的主要机场，于1949年开始正式运行。现在的光州机场，经过现代化改造及不断扩建，已成为了韩国西南部航空交通的枢纽。

🏠 光州市光山区尚武台路420-25

📞 062-9400214

@ www.gimpo.airport.co.kr

光州机场交通				
巴士	**电话**	**乘坐地点**	**运行时间**	**发车间隔**
机场巴士	062-3644221	旅客站左边	06:00 ~ 22:00	20 分钟
一般巴士	062-2278711	旅客站	06:00 ~ 22:00	65 分钟

光州临近的还有2个机场，一个是务安机场，一个是丽水机场，其中务安机场离光州更近一些，并且务安机场还是木浦机场和光州机场国际线的替代机场，设施完善。

光州临近机场信息		
机场名称	务安机场	丽水机场
地址	务安郡望云面机场路 970-260	丽水市栗村面新风里 979 号
电话	061-16612626	061-6896308
交通	从光州客运站有直达务安机场的巴士，一天4班车；从木浦客运站前往务安机场，要先到务安客运站（一天4班），然后再乘车到务安机场	市内巴士：31、32、33、34、35、35-1、96 路 机场巴士：1. 丽水→公和洞休息所→市外巴士客运站→美坪农协→中央 APT →丽川→石仓→机场 2. 顺天大学→医疗院→市外巴士客运站（21世纪药店前）→顺天站（农协）→东部常设市场→机场 3. 东光阳（制铁所）→东光阳市厅→光阳邑（市外巴士客运站）→ HYSCO →机场
网址	www.airport.co.kr	www.airport.co.kr

火车

光州市内有 3 个火车站，光州站有从光州发往首尔的 KTX，光州西站有庆尚南道全线的车辆过往，松汀里站有湖南线车辆过往。由首尔乘湖南线"新村号"火车前往光州，约需 3 小时 45 分钟；由釜山乘"统一号"火车前往光州，约需 6 小时 40 分钟。

巴士

由首尔高速巴士总站到光州，约需 3 小时 55 分钟；由釜山高速巴士总站到光州，约需 4 小时 10 分钟。

市内交通

地铁

光州市内现在有 4 条地铁线路，其中地铁 1 号线和 3 号线已全线通车，其他的线路有的在建设中，有的是部分路段通车。地铁 1 号线运行在鹿洞（Nokdong）到平洞（Pyeongdong）之间，经过光州机场，运行时间为 05:30 ～ 24:00。

巴士

光州市内的巴士比较多，几乎每个景点都可以乘坐巴士到达。如去忠壮路、艺术之街可乘坐 5、6、9、11、17、30、105、117、222、333、1000 路巴士，去证心寺可乘坐 15、23、27、106、555 路巴士，去 5·18 墓地可乘坐 25-2、102、125 路巴士，去光州世界杯体育场可乘坐 21、36、39、106、583 路巴士等。

美食

光州地处韩国的湖南地区，肥沃的湖南平原培育出丰富的农作物，而其西海岸和南海岸则有各种水产品，这使光州成为了美食的故乡。光州最富有特色的美食是韩食套餐、无等山大麦拌饭、光州泡菜、松汀肉饼和鸭子汤，这便是有名的"光州五味"，诸多美食为光州赢得了"饮食到光州"的美誉。

■ 光州人气美食街 ■

✦ 松汀里肉饼街 ✦

松汀里肉饼街在光州光山区厅附近，其烤排骨的香味，吸引着光州市民以及外国大批游客前往。

✦ 芝山游园地传统饮食街 ✦

光州市东区无等公园宾馆周围有一条著名的光州传统美食街——芝山游园地传统饮食街。街上有无等山大麦饭、烤肉、水煮鸡、鸭子汤、蒸安康鱼、蔬菜包饭、海鲜切面和豆腐脑等多种美食出售。

✦ 光州鸭子汤美食街 ✦

光州鸭子汤美食街在现代百货商店（光州店）后面的柳洞、新安洞。街道上空飘着浓浓的鸭子汤的香味，吸引着众多的游客前来。

✦ 大仁市场生鱼片街 ✦

大仁市场生鱼片街位于光州市东区鸡林洞的大仁市场里。那里的生鱼片的种类丰富，其他美食也很多，所以也广受游客青睐。

光州必尝美食

韩食套餐

光州的韩食套餐将光州的风味、情调集于一身，一个饭桌上摆满了包括野菜和泡菜在内的 30 ~ 40 种别具特色的食物。与其他地方的韩食套餐相比，光州韩食套餐的核心是多种多样的海鲜酱，使人吃过一次会再想吃第二次，味道非常特别。

光州泡菜

每年的金秋 10 月，光州都会举行"泡菜节"，光州泡菜是用海鲜和辣椒面等调料制成，味道很辣很爽口，非常够味。

无等山大麦饭

无等山大麦饭是在新鲜的时令蔬菜和野菜中加入辛辣的辣椒酱和香油，然后拌着吃的食物。大麦饭不仅会激发人的食欲，也有利于肠胃消化。在登上无等山之后，一边畅饮着凉爽的浮蚁酒（因为在酒的上面漂浮着饭粒而得名），一边吃着大麦饭，美食、美酒、美景，会让你感觉无比轻松幸福。

✦ 松汀肉饼 ✦

光州的"肉饼"指的是将排骨肉充分地捣碎后抹上调料，做成像糕一样四方形的料理。松汀肉饼作为下酒菜，以其独特的风味而受到了当地人的喜爱。

✦ 鸭子汤 ✦

光州的鸭子汤是加入苏子末、新鲜的芹菜、栗子、大枣、人参、鹿角和糯米等制作而成的，是既营养又美味的保养食品。

■ 光州美食餐厅推荐 ■ 🏵

清原荞麦面

🏠 光州市东区中央路 174—1
📞 062-2222210

清原荞麦面位于忠壮路上，干净整洁。其中以荞麦面最为有名，味道爽口浓郁，非常好吃。

民俗村

🏠 光州市光山区新佳洞
📞 062-9543362

民俗村因美味的韩式烤猪肋排而出名。里面的菜肴具有传统的韩式风味，特别受欢迎，每天都顾客满堂。

盈味鸭肉汤

🏠 光州市北区儒洞景阳路 126

📞 062-5270249

盈味鸭肉汤是一家韩式老鸭肉汤店，所有的食材都经过精心挑选。这里的鸭肉汤食客可以根据自己的口味搭配一些调料，能满足人们的各类需求。

松鹤韩式套餐

🏠 光州市西区治平洞 1211-10 号2层

📞 062-3853333

🚌 乘坐 1000、64、38、25 路巴士，在大韩地籍公社下车即可

松鹤韩式套餐是一家店面比较大的韩式套餐店，也是一个家庭聚餐的好去处，味道也不错，很有韩国特色。

住 🏠 宿

光州有很多旅游住宿地，不过最有特色的还是韩国式的火炕，可以去尝试一下。光州比较高级的酒店，有无等公园饭店、新阳公园饭店等，房费都较高。光州一般三星级酒店一天房价在 5 万韩元左右。另外，光州还有很多民宅可以投宿，房价每天 3 万韩元左右，还包括早餐。

光州观光酒店推荐		
名称	地址	电话
Ramada Plaza 光州酒店	光州市西区尚武自由路 149	062-7177000
Holiday Inn 光州酒店	光州市西区治平洞	062-3857000
无等公园酒店	光州市东区芝山洞	062-2260011
新阳公园酒店	光州市东区之湖路	062-2288000
光州马斯特观光酒店	光州市西区尚武渊夏路 46	062-3827700
迈达斯观光酒店	光州市光山区双岩洞	062-9735000
普拉多酒店	光州市南区白云洞	062-6549999

光州经济旅馆推荐		
名称	地址	电话
绿洲酒店	光州市东谷鹤洞 939–25 号	063–2284271
南疆旅馆	光州市月山洞 986–7 号	063–3635735

购物

　　光州是一个历史悠久，并且物产富饶的地区，当地有很多特产，如春雪茶、无籽山西瓜、JINDARI 笔、陶器、螺钿工艺品、鱼干、虾酱、鱼子酱等。光州东区的忠壮路和锦南路被称为光州的有名购物街，每天这里来往的行人川流不息，整条街都充满了时尚的活力。另外，在无等山周围可以买到春雪茶，在木浦与丽水两地可以买到鱼干、虾酱等。

■ 光州购物场所推荐 ■

忠壮路

🏠 光州市东区忠壮路
📞 062-2246051
🚇 乘地铁 1 号线在文化殿堂站下，或者乘 59、70、52、61、65、51、57、80、81 路巴士可到

　　忠壮路在光州的中心区，有光州的明洞之称，由几条小的街道组成，是一座散发着时尚气息的购物街道。忠壮路 1～3 街有各种服装商店、饰品卖场、百货商店等，4 街和 5 街上则集中销售着传统韩服、改良韩服的大大小小的韩服店。

新文物街

光州的新文物街是为继承文化艺术传统，进一步方便当地市民而建设的。目前，该街成为外地人最爱寻找的观光购物胜地。这里有专门销售古美术品的古董店、美术展览馆，以及传统茶房等。

潭阳

潭阳（Tamyang）在光州北部近郊，是一个传统式市集，街道不多，空气清新，以出售竹工艺品闻名。每年5月10日这里会举行竹制品比赛，届时有很多大型的精美竹制品参赛展出，甚为热闹。

蚂蚁市场

光州的蚂蚁市场在每周六、日开张，这个市场是韩国有名的古董市场，就算你不是收藏家，也可以到这里来感受一下韩国的传统生活状态与文化。

光州百货商店推荐				
名称	地址	电话	交通	营业时间
乐天百货商店	光州市东区大仁洞	062-2211000	从光州站乘180、160路巴士可到	10:30～20:00
现代百货商店	光州市北区新安洞6-1	062-5192233	乘巴士在光州站下即可	10:30～20:00
新世界百货商店	光州市西区光川洞49-1	062-3601234	从光州站乘巴士，约需15分钟左右可到	10:30～19:30，周末到19:00

●无等山

Part❻ 江原道
无需门票，体验江原道"心"玩法

♛ Part6 江原道
江原道

1·江原道庆典别错过·

■ 江原道的庆典活动既有以文化、艺术等为主题的庆典，如大关岭国际音乐节、江东国际摄影节等，也有以江原道特色为主题的庆典，如横城韩牛节、镜浦海上日出庆典等。在江原道旅行的时候，遇上自己喜欢的庆典千万别错过，因为丰富多彩的活动一定也能给你带来愉快的享受。

江原道庆典活动资讯				
活动	时间	地址	交通	简介
大关岭国际音乐节	7月中旬至7月末	江原道平昌郡大关岭面松峰路325号	乘坐地铁4号线在舍堂站下车，转乘循环公交车	届时，可以欣赏到来自西班牙和意大利的多彩文化的视听盛宴，是喜爱古典音乐的人的天堂
东江国际摄影节	7~10月	江原道宁越郡宁越邑宁越路1909-10	在宁越客运站乘坐前往郡厅的公共汽车	是以摄影为主题的庆典，通过多样的展示及国际间的摄影作品交流活动来促进韩国摄影产业的发展
大韩民国音乐大飨宴	8月8号左右	江原道束草市朝阳洞1546-1	搭乘9-1路巴士在Ureonggol站下车，步行3分钟	韩国国内规模最大的综合音乐节，可以看到众多韩国音乐人的表演

续表

活动	时间	地址	交通	简介
横城韩牛节	10月初	江原道横城郡横城邑三一路93	乘坐2路公交车在元兴公寓下车	是以横城韩牛为主题的庆典，既有丰富的娱乐活动游，又有美食可以品尝
镜浦海上日出庆典	12月31日至1月1日	江原道江陵市雁岘洞1-1	乘坐202路公交车在镜浦台站下车	在迎日出庆典上有烟花表演、新年祈愿、冬泳大会等主题活动，乐趣不断

Part6 江原道
江原道

2·免费资讯助你游·

在江原道的主要旅游城市春川市、江陵市和束草市，都设有旅游咨询处，能在你遇到困难的时候给你提供帮助。如果在江原道其他地区旅行时遇到麻烦，可以给江原道旅游咨询中心打电话，同样能帮你解决一些困难。

江原道旅游咨询处信息			
名称	营业时间	地址	电话
江原道旅游咨询中心	09:00 ~ 18:00（节日当天休息）	春川市春川路19乡土工艺馆	033–2440088（韩、英、日、中）
江陵综合旅游咨询处	09:00 ~ 18:00	江陵市镜浦路	033–6404531（韩、英、日、中）
束草综合旅游咨询处	09:00 ~ 18:00	束草市收复路191	033–6392690（韩、英、日、中）

Part6 江原道
江原道

3 · 不要门票怎样能玩 High ·

不花 1 分钱游览江原道的线路

春川： 到春川浪漫市场感受充满艺术气息的民俗文化；到国立春川博物馆了解江原道从旧石器时期到现在的历史

📱 在春川汽车站乘坐前往束草的长途汽车

束草： 到阿爸村感受《蓝色生死恋》中的别致景色

📱 在束草汽车站乘坐前往江陵汽车站的长途汽车

江陵： 到正东津海滨观看日出

📱 在正东津火车站乘坐火车前往三陟市

三陟： 到竹西楼欣赏韩国古老而宏伟的楼阁

● 日出

零元游江原道

1

• 春川浪漫市场 •

旅游资讯

🏠 春川市明洞路 34

📞 033—2545338

🚌 在首尔地铁 7 号线的上凤站乘坐京春线到南春川站下，1 号出口出来后，乘坐 9 路等市区公交车约 10 分钟可到
@ tour.chuncheon.go.kr

春川浪漫市场（Romantic Chuncheon Market）是一个充满浪漫气息的文化观光市场。坐落于市中心的春川市场，拥有众多令人怦然心动的演出、各式雕塑和美丽的壁画，以大规模的零售为主。春川浪漫市场因春川的丰富艺术资源与位于市中心的地理优势，再加上商人和艺术家们的热情活力，使其成为了人们在韩国享受浪漫购物的最佳市场。

春川明洞街区：被称为春川的明洞，取首尔明洞繁华热闹之意。其规模虽无法与首尔明洞相比，但其一年四季也热闹非凡，极富生机与活力。这里集中了服装、箱、包、鞋类、首饰商店及快餐店、剧院等。

Brown5 号大街：是春川规模最大的购物街，除了品牌店以外，这里还有许多餐厅、酒吧、咖啡厅和影院等，每到周末还会举行乐器演奏、魔术以及哑剧表演，是多功能型购物商街。

国立春川博物馆（**National Chuncheon Museum**）

保存了从旧石器时代至今的江原道文化遗产，具有很高的学术意义。国立春川博物馆内有展示馆、儿童阅览室、学习体验室、讲堂等设施，全方位、多角度、针对性地介绍了江原道的历史和文化，是了解江原道历史和文化的好去处。

镜浦台（**Gyeongpodae**）是一座位于镜浦湖畔的亭子，正面有 6 间屋，侧面 5 间，共有 28 根柱子。镜浦台楼阁建于 1326 年，是当时风流雅士们聚集在一起喝酒吟诗的地方，至今还留有许多文学大家的作品。如今的镜浦台风景优美，包括镜浦湖及东海海岸一带，附近的镜浦台海水浴场、每年 4 月的镜浦台樱花节，以及附近有名的松树家草堂嫩豆腐，都让这里成为了著名的旅游胜地。

镜浦台海水浴场：是韩国东海岸最大的海水浴场，

沙滩延绵，水质优良，树木成荫，是韩国著名的旅游胜地。其最著名的景观是离镜浦台约 1 公里的地方，这里碧波荡漾的海岸，被誉为"明沙五里"。

🟪 **不要门票也能 High**

每年镜浦台都会举办樱花节，是江陵市的代表活动。镜浦台樱花节举办时间在 4 月中上旬左右，具体时间依情况而定。以镜浦湖为中心，全长 4.3 公里的樱花节庆活动，每年都会受到广大游客的欢迎和喜爱。

185

4

· 正东津海滨 ·

旅游资讯

🏠 江陵市江东面正东津里

📞 033-6404536

🚗 从正东津火车站步行可到达

@ www.gntour.go.kr

正东津海滨（**Jeongdongjin Beach**）有各具特色的三处海水浴场，即正东津站前的大海、漏沙公园旁的大海以及正东津防波坻所在的海域。正东津海滨景色优美，拥有长 250 米，占地 13000 平方米的沙滩，每天都会涌来大批的游客。同时，这里也是看日出的好地方，位于山顶的迎仁亭便是最佳观光点。

5

· 束草观光水产市场 ·

旅游资讯

🏠 束草市中央路 147 号街 16

📞 033-6333501

🚗 在束草郊区汽车客运站乘坐 1-1路、7-1 路或 9-1路汽车，3 站后在观光水产市场站下

@ sokchomarket.com

束草观光水产市场（**Aquatic Product Market**）是一个综合性中央市场。整个市场分为地下一层和地上两层，共有 499 间店铺，以售卖水产、批发和零售商品为主。束草观光水产市场极具特色，汇集了众多的韩国乡土美食和韩国特色商品，被评选为"外国人最喜欢的传统市场 16 选"之一。

🟪 **不要门票也能 High**

　　束草观光水产市场内美食众多，比较受欢迎的有糖饼、拐棍冰激凌、鱿鱼米肠、荞麦煎饼和炸鸡胡同里的炸鸡块等。你可以一边吃着韩国美食，一边逛市场，或者坐在店前的椅子上，点上一盘美味的小吃，感受热闹的市场氛围。一年四季热闹非凡的观光水产市场，一定能给你带来不一样的旅游体验。

阿爸村（**Abba Village**）是韩国电视剧《蓝色生死恋》的拍摄地之一，至今还保留着剧中恩熙妈妈经营的小铺子原型。韩国战争时期，很多朝鲜人由于不能再回到家乡，便在这里长久的定居下来，形成了这个小村落。如今的阿爸村住着许多和蔼友善的老人，村中还继续使用着古老的交通工具木筏，这些都让这个村子显得格外别致。另外，村中的特色美食"阿爸米肠"，也是韩国远近闻名的美食之一。

竹西楼（**Jukseoru**）是朝鲜时代前期的楼阁，曾作为设宴款待宾客之用。竹西楼建筑宏伟，周围景色优美，吸引了不少文人墨客来此相聚。竹西楼建于绝壁上，由17根长短不一的柱子支撑，其中9根直接立于天然岩石上，8根立于石基上。当你登上竹西楼一览四周美景，胸怀也会不禁跟着开阔起来。

Part6 江原道
江原道

6

·阿爸村·

旅游资讯

🏠 束草市青湖路 122

🚌 在束草郊区汽车客运站乘坐 1—1 路、7—1 路 或 9—1 路汽车，3 站后在观光水产市场站下，步行 5 分钟到达木筏码头，乘木筏过河即到

@ www.abai.co.kr

Part6 江原道
江原道

7

·竹西楼·

旅游资讯

🏠 三陟市竹西楼路 37

📞 033—5703670

🚌 从三陟车站乘坐 竹 14、14—1、31 或 31—2 路公交车在西楼前下车

@ eng.samcheok.go.kr

Part6 江原道
江原道

8

·湫岩海水浴场·

旅游资讯

🏠 东海市烛台岩街 26

📞 033-5302234

🚌 在东海站乘坐前往三陟市的巴士在湫岩海水入场入口下车，步行约 1 公里即到

@ english.dhtour.go.kr

湫岩海水浴场（Chuam Beach）曾是韩剧《冬季恋歌》的拍摄地之一，也是一个相对幽静的海水浴场，拥有 150 米的沙滩，水质清澈。湫岩海水浴场附近奇石众多，最有名的要数烛台岩石，众多岩石构成了各种奇特的景观，风景壮丽。

海岩亭：湫岩海水浴场有个叫做海岩亭的小亭子，坐在其中，海风扑面，清爽至极。在海岩亭上你不仅可以看到各种各样险峭的绝壁，也可以将大海一览无余，风景十分壮观。

烛台岩石：形似烛台，高高地耸立着，仿佛要刺破天空，是当地著名的奇岩异石。其周围还有十几座形态各异的奇岩异石屹立在东海岸边，风景秀丽，令人赞叹不已。每当日出时，太阳照射在烛台岩上的景观别有一番韵味，受到了广大游客的喜爱。

Part6 江原道
江原道

9

·花津浦·

旅游资讯

🏠 高城郡巨津邑

📞 033-6803114

🚌 乘坐高城郡市内巴士 1 路到达

@ tour.goseong.org

花津浦（Hwajinpo Lake）是韩国最大的自然泻湖，是由积沙堵住海水而形成，其名取自于湖边海棠花盛开之意。每到秋天，花津浦便会迎来候鸟群，是一处候鸟栖息地。花津浦风景优美，沙滩洁白如雪，柔软如棉，韩国电视剧《蓝色生死恋》曾在此取景，也有许多的名人在此居住。

🟥 不要门票也能 High

朝鲜的金日成主席和韩国的李承晚总统曾在此修建别墅。两处别墅以湖泊为中心相对而立，至今仍留有遗址。后来两处被改造成为花津浦历史纪念馆，成为著名的观光地，如今改名为安保展览馆，向普通游客开放。

江原道·旅游资讯

交🚗通

进出江原道

飞机

　　江原道有两座国际机场，一座是位于襄阳郡的襄阳国际机场，一座是位于横城郡的原州机场。相比较而言，襄阳机场在交通设施等方面要好一些。

　　襄阳国际机场，设有定期飞往日本、中国和韩国部分城市的航班。机场设有吸烟区、育儿休息室、银行、兑换处、机场餐厅、手机充电区等便利设施，不仅如此，襄阳国际机场还提供旅游向导和交通向导服务。

　　🏠江原道襄阳郡巽阳面机场 201

　　📞033-6707114

　　🚐襄阳国际机场离市中心约 4 公里，搭乘出租车最为方便，到市区约需 14 分钟

　　@www.airport.co.kr

　　原州机场离原州市中心约 16 公里，目前只运行原州往返济州的航班。原州机场没有巴士，前往原州市区需要乘坐出租车。

　　🏠横城邑横城路 38

　　📞02-16612626

　　🚐搭乘出租车前往市区约需 30 分钟

　　@www.airport.co.kr

火车

　　江原道的火车很有特色，除了作为交通工具外，江原道火车还有许多著名的旅游观光线路，坐在火车上欣赏沿途的山川河流、花草树木，清爽浪漫。

江原道观光列车推荐			
名称	线路	运营时间	介绍
江原道大海列车	三陟站→三陟海滨站→湫岩站→东海站→墨湖站→正东津站→江陵站	三陟站发车：11:50～15:50；江陵站发车：10:20～13:55（车程需1小时20分钟）。5~8月增加三陟站08:40、江陵站17:30发车的车次	以海景观光为主的列车，风景秀丽壮观。列车由3节车厢构成，车上所有座席均面向大海一侧，倚靠在座位上就能透过车窗欣赏大海景色
大关岭雪花列车	首尔站→正东津→Risabu Cruise 游轮观光→江陵咖啡农场→平昌大关岭→新再生能源展览馆→大关岭雪地乐园→首尔站	只在12月至次年2月运行	以冬季雪景观光为主的列车，浪漫温馨。车内提供咖啡等，在列车里看着周围的雪景，喝着热气腾腾的咖啡，将会是一场最难忘的冬季旅行
韩流观光列车	首尔站→南怡岛站→春川集贸市场→春川荞麦面体验博物馆→屈峰山观景台→金裕贞文学村→首尔站	9月24日，10月1、8、15、22、29日，11月5、12、19、26日，12月3、10、17、24、31日，07:50出发、19:20返回	以韩流为主打的观光列车。沿途是许多韩剧的外景拍摄地，另外车厢里还会有精彩的表演

江原道的主要火车路线					
路线	首发站	终点站	运营时间	发车次数	所需时间
路线1	清凉里	南春川	06:15～22:00	一天19次	全程2小时
路线2	清凉里	江陵	17:00～22:40	一天6次	全程6.5小时

长途汽车

长途汽车也是进出江原道的主要交通方式之一。在春川、束草、江陵、旌善、平昌等地均设有开往首尔的长途汽车站,行车时间1～4小时,比较方便。

✦ 道内交通 ✦

公交车

江原道的公交车费用大致为1000～2000韩元,具体票价因路程和公交车路线而异。江原道公交车设施完善,是市内出行的首选。

出租车

江原道随处可见出租车站,也可站在街边挥手拦出租车。出租车主要分为普通出租车、模范出租车和大型出租车。出租车一般起步价为2公里内1900韩元,之后每144米或35秒加收100韩元,从24:00至次日04:00,还加收20%的费用。

有时遇到特殊情况无法找到出租车时,也可以呼叫出租车,费用比一般出租车要贵。

美食

江原道的美食可以用"山珍海味,粗茶淡饭"八字来概括,既有排场华丽的韩国高级餐厅,也有可以品尝太白山脉特有的山野美味的小餐馆。如果来到与东海相邻的江原道,你又怎可错过这里的海鲜大餐?此外,春川的鸡排、平昌的野菜拌饭、横城的韩牛、江陵的草堂豆腐、襄阳的松茸等,都值得一尝。

江原道必尝美食

✦ 春川鸡排 ✦

　　春川的鸡排很是有名，在韩国非常受欢迎，分为碳烤和铁板两种，独特的辣酱调味料，配上肉嫩多汁的鸡排，还有各种美味的新鲜蔬菜，味道无可挑剔，非常有韩国风味。

✦ 襄阳松茸 ✦

　　松茸被誉为黄金蘑菇、森林中的钻石，襄阳是韩国最大的松茸产地。松茸烤食最佳，在煎烤的时候浓郁的香气扑鼻，让人胃口大开。在襄阳松茸节期间，你可以亲自采摘松茸，并品尝用松茸制成的美食。

✦ 平昌野菜拌饭 ✦

　　在米饭里加入煮熟后的茴芹、刺龙芽、蹄叶橐吾等 20 多种野菜，制成平昌当地风味料理，非常健康有特色，而且味道很好。

✦ 横城韩牛 ✦

　　横城韩牛被誉为世界最佳牛肉，釜山亚太经济合作组织各国领导的午餐，便是以横城韩牛为主料制作的料理。韩牛肉呈棕红色，脂肪纹路清晰，有光泽，含有大量的不饱和脂肪酸酯，既营养又可口。

✈ 东海岸生鱼片 ✈

江原道的东边临东海，造就了各种美味的海鲜料理，其中以生鱼片最受欢迎。在束草、江陵、东海、三陟等港口城市，都可以品尝到用当日打捞上岸的鲜鱼做成的生鱼片。在海风的吹拂下，喝点烧酒，美美地吃上一顿生鱼片，非常享受。

✈ 江陵草堂纯豆腐 ✈

纯豆腐与一般豆腐相比，味道更为鲜美，也没有豆腥味，是上等的豆制品料理。纯豆腐由豆浆煮熟后加入海水，冷却凝固制作而成。草堂纯豆腐饭店大都集中在江陵一带。

■ 江原道美食餐厅推荐 ■ 🎖

✦ 春川铁板鸡胡同

🏠 春川市朝阳洞
📞 033-2532428（宇美铁板鸡）
🚗 在京春线的春川站乘坐出租车约3分钟
🕐 10:00～23:00，每月第二个周二，春节、中秋当天休息，10:00～23:00
@ www.woomidakgalbi.co.kr

该餐厅位于因《冬季恋歌》的外景拍摄地而享誉盛名的春川明洞大街的后街。铁板鸡是将调料、辣椒酱跟鸡肉一起腌制半天左右，将切好的卷心菜、红薯、胡萝卜、洋葱等蔬菜与腌制好的鸡肉，一起放入铁板锅翻炒而成的一道韩国料理。这条街上挤满了大大小小的铁板鸡排店，每一家都让人赞不绝口。

193

乡村荞麦面

🏠 春川市新北邑栗文里 278–3
📞 033-2426833
🚌 乘坐 12 路公交车在新北邑事务所下车，步行前往
🕙 11：00 ～ 21：00，每月第二周周二休息

　　春川是大家公认的荞麦面发祥地。这间店在第一届春川面条节上获得代表春川面条的"名家"称号。荞麦面口感劲道，健康而有营养，有特殊的香味，且人吃了不容易发胖，很受欢迎。这家店在当地有很高的威望，是春川的老牌面店，这里的荞麦面既正宗又好吃。

韩松亭烤肉店

🏠 束草市芦鹤洞 452–4 号 34
📞 033-6367750
🚌 乘坐 505 路公交在莲丰寺入口下车，步行前往
🕙 11：00 ～ 23：00

　　韩松亭烤肉店的菜肴，由持有一级厨师资格证的店主精选原料烹制而成。曾获得 2007 年 SIFE 首尔国际厨艺大赛金奖、江原观光服务竞赛大会铜奖等诸多奖项，特别是白菜泡菜冷面，曾申请专利。这是江原道有名的烤肉店。

日出峰生鱼片店

🏠 束草市大浦洞 74–3 号
📞 033-6352221
🚌 乘坐 9 路公交车在雪月山入口站下车，步行前往
🕙 09：00 ～ 22：30
@ www.ilchulbong.com

　　日出峰生鱼片店开业已达 20 年之久，人气依然火爆，足以证明其水准。生鱼片店坐落于海边，周边景色美丽，游客在这里可以一边吃着新鲜的生鱼片，一边欣赏大海的美丽景色，很是惬意。

草堂嫩豆腐村

🏠 江陵市草堂嫩豆腐路 99
📞 033-6404414
🚌 乘坐 203–1 路公交车在江门站下车，步行即到

　　草堂嫩豆腐村离镜浦台海水浴场不远，以嫩豆腐而闻名，村中有许多做草堂嫩豆腐料理的小店，都鲜美可口。嫩豆腐可做汤，可炒食，但最有名的吃法将布丁状的嫩豆腐盛在大碗里，就着酱油等调料吃，别有一番风味。

住🏠宿

江原道旅游资源受季节影响较大，所以旅馆的价格也随着淡旺季的变化有很大的差别。1月、4月、5月、7月、8月、10月、11月和12月是江原道的旅游旺季，请注意提前预订住宿地，尤其是在11月至次年1月的滑雪季节。在江原道，各个价位的酒店均有，从公寓式酒店到超豪华酒店一应俱全。许多价格便宜的旅馆还会提供炕房，这也是江原道的特色之一。

江原道观光酒店推荐

名称	地址	电话	特色
春川熊城观光酒店	春川市三川洞	033-2562525	休闲娱乐
本昵客雅山和海大浦港酒店	束草市东海大路3691	033-6356644	海景房
梦之宫殿酒店	东海市日出路174	033-5317400	提供生鱼片
本昵客雅 Premier 东海保养温泉会议酒店	东海市东海大路6285	033-5300707	温泉酒店
江陵四季沙滩观光酒店	江陵市雁岘洞	033-6559900	海景房

江原道公寓式酒店推荐

名称	地址	电话	特色
02 度假村	太白市黄池洞	033-5807000	依山傍海，冬季可滑雪，夏季可以去海边
Sun Cruise 度假村	江陵市江东面献花路950-39号	33-6107000	世界最早的主题型陆路游船度假村之一，以豪华游轮为主题设计的
江村度假村	春川市南山面白杨里29-1	033-2602000	综合性度假村，很适合家庭旅行，小吃、游戏、风景使这里丰富多彩
雪岳考瑞斯克公寓	束草市芦鹤洞	033-6358040	位于雪岳山区，风景秀美，周边有温泉设施
龙平巨塔公寓	江原平昌郡道岩面	033-3355757	适合家庭旅行，配有保龄球馆、滑雪场和健身中心等设施

江原道经济旅馆推荐

名称	地址	电话
3D 影院汽车旅馆	春川市西部大成路60	033-2410331
江陵 MGM 酒店	江陵市海岸路535号街19	033-6442559
Aark House	江陵市龙池路96号街4-5	033-6423938

195

购 物

在江原道购物，虽然没有首尔那样的繁华，但也有其独特的风格。浪漫的中央市场、热闹的地下商街、江陵的注文津水产市场，都是江原道购物的好去处，在这些地方，除了购物，你还可以欣赏到各种各样的活动庆典。除了大大小小的传统市场，江原道也不乏现代购物街。此外，江原道还盛产洪川人参、柿子等，都非常受游客的喜爱。

■ 江原道购物场所推荐 ■

春川浪漫市场

🏠 春川市明洞路 34
📞 033-2545338
🚙 乘坐首尔地铁 7 号线在南春川站下，搭乘 8、9 号市区公交车，约需 10 ~ 15 分钟可到
@ tour.chuncheon.go.kr

春川浪漫市场是春川最早的市场之一，丰富多彩的演出活动、壁画和各式各样的雕塑，使这里充满了浪漫而又文艺的气息。市场以大规模的零售为主，你可以在此买到特色的纪念品，也可以漫步于市场当中，感受这里热闹的氛围。

春川明洞

🏠 春川市朝阳洞
📞 033-2503089
🚙 乘坐 75 路公交车在明洞入口下车，步行即到
@ tour.chuncheon.go.kr

《冬季恋歌》中，有真和俊相在小吃摊购买鲫鱼饼，并肩而行的场面，就拍摄于春川明洞。春川市朝阳洞街区被称为春川的明洞，取首尔明洞繁华热闹之意。其规模虽无法与首尔明洞相比，但其一年四季热闹非凡，极富生机与活力。

春川地下购物商街

🏠 春川市朝阳洞
📞 033-2503089
🚙 乘坐 75 路公交车在明洞入口下车，步行即到
@ tour.chuncheon.go.kr

春川地下购物商街就位于春川明洞的地下，以中央的休息广场为中心，分为时装、青春、爱情和文化四条主题购物街，共有 360 多家店铺，每到周末就人潮涌动。商街内气氛热闹，陈列着各种新奇的礼品、衣物，非常具有市井气息。

注文津水产市场

🏠 江陵市注文津邑注文里 312-91

📞 033-6617302

🚌 乘坐公交车 322 路在注文津港入口下车

🕐 07:00 ~ 22:00

位于江陵的注文津水产市场，是临近注文津港的传统市场，贩卖以鱿鱼、皋登鱼、明太鱼、秋刀鱼、螃蟹等新鲜的水产和干货。相较于一般的市场，这里的海鲜既新鲜又便宜，以鱿鱼最为有名，是购买海边特产的好去处。

易买得

🏠 束草市青湖洞 459-134

📞 033-6301234

🚌 乘坐 1、5、16、19 号巴士到高速客运站下车即到

🕐 周一至周日 10:00 ~ 23:00

@ store.emart.com

易买得 (E MART) 束草店于 2003 年开业，至今一直在扩大规模，相当于国内的家乐福连锁超市。店内不仅设有专门的冷藏馆，还有厨房用品、生活用品以及儿童游乐场等各种设施。这所便利店为了吸引更多的旅游观光客，还推出了束草特产品，设有特产专卖场，还时常举办雪花庆典、海洋庆典等活动。

娱 乐

江原道风景优美，有许多特色旅游体验活动，如铁道自行车、观光列车、青草湖骑行等，也有适合滑雪、漂流、浮潜等休闲运动的自然环境，以及温泉、自然修养林等最佳休闲设施。这其中，铁道自行车作为新生项目，尤其受年轻人的欢迎，曾在韩国综艺《Runing Man》中出现，也因此而红。沿着全长 8.2 公里的铁路轨道骑行，欣赏沿途经过的大片稻田、山林和河流，仿佛置身于流动的风景画中。也可以在夕阳下与心爱的人一同前来，感受这美丽浪漫的落日风光。骑行途中多为下坡，所以并不费力。旅途中间有一段隧道，第一次来的人一定会大吃一惊，这里就不剧透了，赶快亲身去体验一下吧。

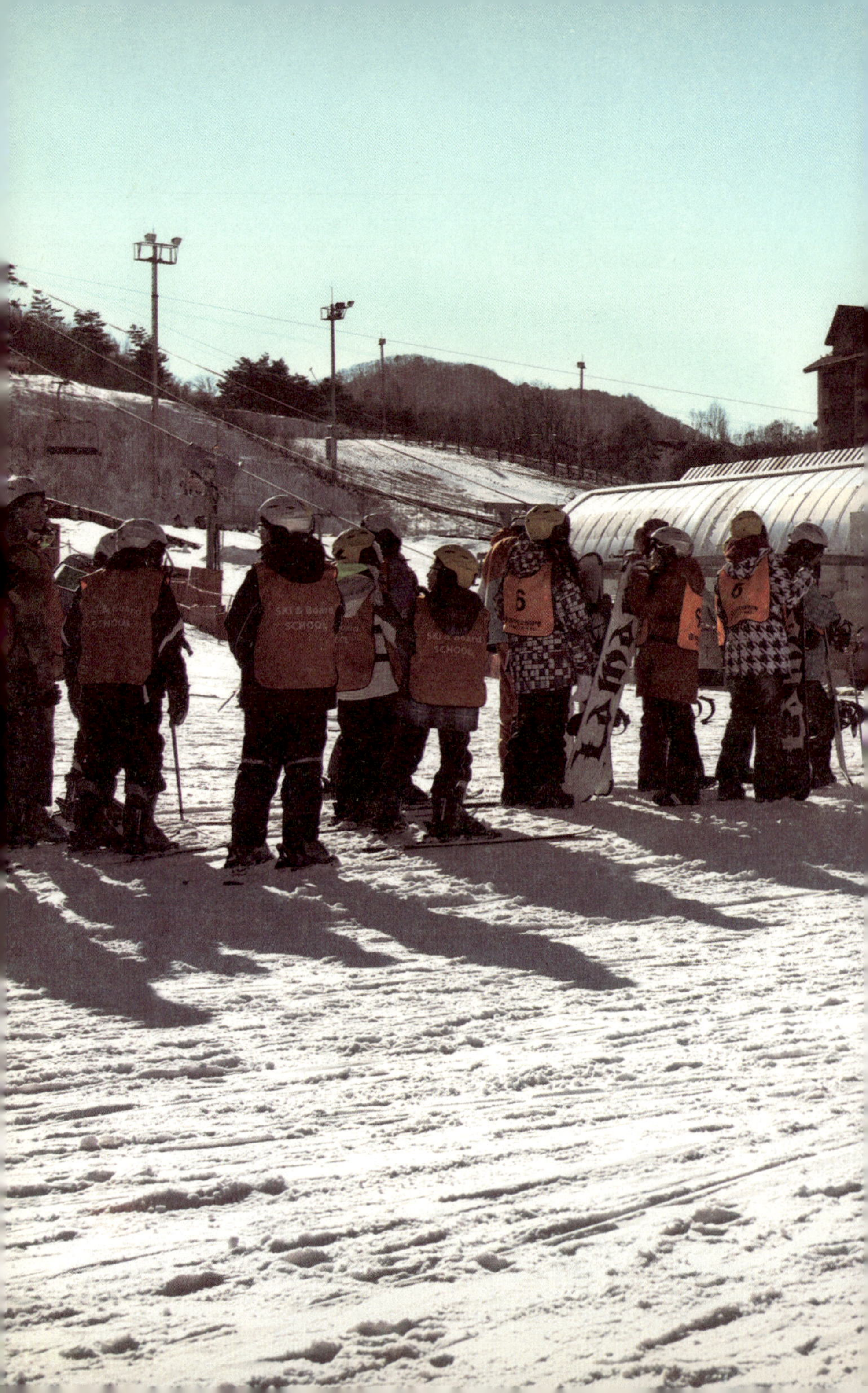
SKI & Board
SCHOOL
6

● 江原道滑雪

Part7 其他地区

▶▶ 忠清北道

月岳山国立公园〔**Woraksan National Park**〕中的月岳山海拔 1097 米，山势陡峭险峻，是韩国有名的灵山。月岳山风景优美，奇岩怪石纷杂繁复，树木郁郁葱葱。登上主峰，忠州湖和广阔的田野尽收眼底，景色壮丽，令人惊叹。月岳山中心的夏雪山，即使在夏天，山上的积雪也不会融化，景色非常别致。另外，国立公园内的弥勒寺遗址、德周寺等传统寺院，也可以让你领略到精深的佛教文化。

旅游资讯

🏠 忠清北道堤川市寒水面

📞 043—6533250

🚌 在忠州乘坐前往松界或内松界方向的市内巴士

@ english.knps.or.kr

🟪 不要门票也能 High

1. 月岳山封山期：每年 2 月 1 日（随气候和当地条件或从 2 月 15 日）至 5 月 15 日；每年 11 月 1 日至 12 月 15 日。

2. 夜间路线限制区：攀登限制时间为日落后开始至日出 2 小时之前。月岳山灵峰、乐山及锦绣山 14:00 以后限制至顶峰的攀登。万寿峰、北岩山、燕子峰、马驿峰 15:00 以后限制至顶峰的攀登。

忠州湖（Chungjuho Lake）是韩国最大、最洁净的湖，也是韩国最有人气的湖泊旅游景点之一。游客在此可以乘船欣赏湖景以及两岸的青山风光，还可以观赏到亚洲地区第二高的高射喷泉。附近的忠州湖胜地，享有国内第一号湖畔观光胜地的美誉，各种娱乐设施一应俱全，包括各式各样的水上活动，吸引着众多游客前来游玩。

韩国葡萄酒庆典（Korea Wine Festival）是以葡萄酒为主题的活动庆典，举办地在忠清北道的永同郡。永同郡是韩国葡萄主产地之一，也是葡萄红酒产业特区，其葡萄酒在韩国非常有名。庆典汇聚了当地的居民和各地的葡萄酒爱好者，一同享受着乐趣非凡的活动。

■ **不要门票也能 High**

韩国葡萄酒庆典活动

1. 展示及试饮销售项目：永同葡萄酒展示馆；国内外葡萄酒展示馆；葡萄酒试饮及销售；有机农产品销售；永同葡萄销售；传统酒展示；永同干果展示及销售；红酒制作工艺展示。

2. 体验项目：制作属于自己的葡萄酒；制作葡萄酒巧克力；葡萄酒足浴体验；制作芝士；挑选属于自己的葡萄酒。

3. 特别项目和学术活动：葡萄酒西餐厅；葡萄酒 & 咖啡 bar；永同美食一条街；特邀意大利洋酒师进行葡萄酒讲座。

Part7 其他地区
忠清北道

2

· **忠州湖** ·

旅游资讯

🏠 忠清北道忠州市宗民洞

📞 043-8515771
🚌 在忠州乘坐直达忠州湖的市内巴士
@ www.chungjuho.com

Part7 其他地区
忠清北道

3

· **韩国葡萄酒庆典** ·

旅游资讯

🏠 忠清北道永同郡永同邑芙蓉里 4-1

📞 043-7405543
🚌 在永同站乘坐至活动现场的专车，首班从 08:00 开始，每30分钟一趟

4

·大清湖·

旅游资讯

🏠 大田市大德区眉湖洞一带

🚌 乘坐 722 路、723 路市内巴士在大青坝站下车

@ www.daedeok.go.kr

大清湖（Dae cheongho Lake）是韩国第三大人工湖，风景秀丽，沿湖是很好的兜风路线。这里有清秀的小山，如镜般的湖面以及郁郁葱葱的树林。同时，这里也有众多候鸟和留鸟，每年夏天还可以在大清湖的上游看到白鹭。

大清坝：高 72 米，长 495 米，位于锦江河口。在大清坝的八角井休息处有一个瞭望台，登上瞭望台能一览大清湖的壮丽景色。湖畔有一片宽阔洁净的草坪，坐在草坪上享受山湖美景，微风拂面，非常惬意。如果想要品尝美食的话，还可以在湖畔尝一尝特色的鱼汤和烤鳗鱼。

水文化宣传馆：是中北部唯一的一处水文化宣传馆，致力于向世人宣传珍惜水资源、洁净用水的水文化。水文化宣传馆内设有"与水相遇，珍贵的水""水与生活""生命之地—大清"等主题区，并有全息影像放映，每 7 分钟一次。水文化宣传馆的开馆时间为 09:30 ～ 17:30。

5

·八峰面包店·

旅游资讯

🏠 忠清北道清州市上党区寿洞寿岩谷

🚌 在清州巴士客运站乘坐 105 路市内巴士在 Bang A 桥站下车，步行前往

八峰面包店（**Eight Peak Bakery**）是韩剧《该隐和亚伯》《面包王金卓求》的拍摄地。面包店一层为面包房，二层为咖啡馆，地下却是一个画廊工艺坊，之所以这样设计，是因为八峰面包店的前身是"W 画廊"，后经装修才变成现在的样子，是一间非常有特色的面包房。来到此地，吃上一块可口的面包，在二层的咖啡馆里一览清州市内全景，非常惬意。

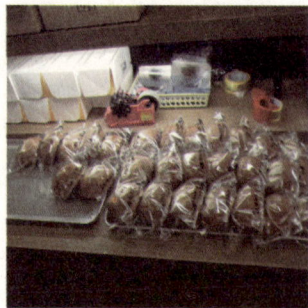

国立清州博物馆〔Cheongju National Museum〕

主要收集保存了韩国的文化遗产，设有常设展厅、先史展室、三瀚三国展室、朝鲜古印刷室等。其中最受游客称赞的要数常设展厅的儿童展室，在这里可以直接感受到临河捣衣的古朴民风，以及韩国人举行婚礼和葬礼时的盛大场景，此外，在体验学习室里，还有许多丰富多彩的体验活动，所以对韩国古代文化感兴趣的游客千万不要错过。

不要门票也能 High

在博物馆的咨询前台有简介材料可以免费领取，通过它可以了解到博物馆的各种主要信息。以下为馆内主要展室简介。

1. 在博物馆的中心地就是常设展厅，该展厅按时代不同展出了忠清北道地区出土的文物。

2. 先史展室内有忠庆北道地区出土的旧石器时代、新石器时代和青铜器时代的文物。

3. 三瀚三国展室内有三瀚和三国时期的房屋地基和墓葬中出土的各种文物。

4. 在统一新罗高丽展室可以观赏到土器、瓷器、金属工艺品等生活用品和与佛教有关的文物。

5. 朝鲜古印刷室内有忠清北道地区出土的粉青沙器、白瓷等朝鲜时期的文物。

6. 体验学习室里，可以亲自操作一把木版印刷和拓本，以及古代人用过的工具，还可以亲手制作土器。

Part7 其他地区
忠清北道

6

·**国立清州博物馆**·

旅游资讯

忠清北道清州市上党明岩路 143

乘坐清州市内巴士或迷你座席巴士 230 路、231 路、233 路到博物馆站前下车

043—2296300

@ cheongju.museum.go.kr

▶▶ 忠清南道

Part7 其他地区
忠清南道

1

·百济文化节·

旅游资讯

📞 041-6356980
🔴 9月末至10月初
@ www.baekje.org

百济文化节（Baekje Cultural Festival）是为传承百济精神而举办的水陆祭祀，由扶余市和公州市共同主办，活动丰富，规模宏大。曾经成功举办的2010世界大百济庆典，也使得百济文化节成为了国内外最高的历史文化庆典之一。

百济文化节的举办地有三个：（1）百济文化园区，位于忠清南道扶余郡窥岩面百济门路368-11，从扶余郡厅乘车前往，车程约7公里；（2）古德来江畔，位于忠清南道扶余郡扶余邑旧校里15-3；（3）锦江新官公园，位于忠清南道公州市锦碧路368，身穿百济服饰者可以免费入场，从公州综合长途汽车客运站步行前往。

📎 不要门票也能 High

百济文化节主要项目介绍：

1. 联合国教科文组织世界遗产记录纪念活动开发与宣传：以公山城为背景的实景演出、公山城和武宁王陵主题馆开放、百济文化节摄影展、公山城楼阁与锦碧路林荫大道灯光设置。

2. 百济，Mir岛！飞吧：参观拥有华丽的灯光与花朵的Mir岛，波斯菊、百日红、金盏花等大型花田，以及华丽的灯光展。

3. 百济历史的多样文化体验旅行：参观百济村"雇马村"，包括百济居住、陶瓷、妖怪展示和农耕文化以及传统游戏体验等。

4. 百济灯火飨宴：有象征海上强国百济的黄布帆船、武宁王告捷造型灯、金刚桥喷水展览等。

5. 百济生活体验：百济服装体验等，包括再现百济历史的"百济历史文化游行"，扶余郡民大集合的"大同游行"。

6. 寻找百济文化节的起源：水陆大赛、三忠祭等。

7. 有趣的看点，好吃的美食：Goodtrae栗子庆典、Goodtrae农民市集等。

旅游资讯

🏠 庆尚北道郁陵郡
郁陵邑
📞 054-7906454
🚌 在浦项乘坐Sunflo
wer 号前往郁陵岛，
10:00 发船，约需 3
小时
@ www.ulleung.go.kr

郁陵岛（**Ulleungdo Island**）是韩国最神秘的岛屿之一，是火山喷发后形成的钟状火山岛，自古便有人居住。郁陵岛自然风光优美，海岸的散步路、美丽的蓬莱瀑布、绝景三仙岩、美丽的天府港落日等景观，都让这里成为众人向往的旅游天堂。另外，与其他岛屿不同的是，郁陵岛并不缺水，而且拥有东海上最大的黄金渔场，让你在欣赏美丽风景的同时可以美美饱餐一顿。

海岸散步路：沿着海岸绝壁的散步路环绕一周，可以欣赏到拍打岩石的波涛和位于深渊海石洞窟内的透明。此外，每年秋天，还可以看见由莲蓬草簇拥着的美丽道洞灯塔。

苧洞：是郁陵岛上最大的村庄，这里有一座声名远播的蓬莱瀑布，以及清净的内水田海水浴场。沿着海水浴场向上走，会有一座展望台，站在这里，看着远处广阔的碧海蓝天，以及一览无余的美丽竹岛和观音岛等，让人不禁赞叹这壮阔的景色。

天府村：在美丽的天府港欣赏日落，可能是郁陵岛上最浪漫的事情了。美丽的太阳缓缓落下，染红了半边天空，无人不为之心动。

锥山一家：是位于郁陵岛北部锥山地带的一家民宿，因为临海边峭壁可观赏到绝景，所以深受游客喜爱。若想在锥山一家留宿，请旅游咨询处的工作人员帮忙预订即可。不过，前往锥山一家的汽车每天只有几趟，交通不是很方便。

罗里盆地：位于郁陵岛中心的罗里盆地，是世界上唯一一个内有村庄的火山口，从圣人峰上看到的第2个火山口就是罗里盆地。

▪ 不要门票也能 High

郁陵岛天气变化大，因此天气好的时候应尽量安排在海上旅游。在郁陵岛游玩3天2夜最好。要是时间充裕，计划逗留4天3夜的话，可以在下列3天2夜的旅游线路中增加独岛（日本称竹岛）观光的项目。

郁陵岛景点分布示意图

3天2夜旅游线路

第1天：乘船到达—午餐—苧洞港—内水田—眺望台—蓬莱瀑布—药水公园（缆车及独岛博物馆）—留宿道洞

到达郁陵岛时约为13:00左右，最好先到旅游咨询处确定住宿的地方，并在住宿地放下行李后再游玩。该线路选择乘出租车游的话，每辆车大概需要40000韩元左右。

第2天：道洞港附近的杏南灯塔—乘坐道洞港出发的海上一周游览船—午餐—乘汽车至灯塔—乘汽车至天府，再换乘至罗里盆地的汽车—留宿于罗里盆地

早起在灯塔看日出后，可乘游览船环游一周。因汽车班次不太多，游客最好事先在旅游咨询处领取汽车时刻表并制定相应的行程。尤其要先确认天府至罗里盆地的汽车时间。住宿的地方可拜托旅游咨询处预订，而在罗里盆地留宿可欣赏到非常美丽的夜景。

第3天：登圣人峰（约4～5小时）—到达道洞后午餐—海岸漫步—乘船返回陆地

从罗里盆地至道洞的登山路线易于道洞至罗里盆地的路线。圣人峰上有标志指明通往眺望台的路。郁陵岛是二重火山，在眺望台可观看到第2个火山口卵峰的景色。

郁陵岛游玩注意事项

1. 郁陵岛远离陆地，因此物价较贵。

2. 郁陵岛在行政上也分邑和面，北面的自然景色较南面更美。

3. 道洞是交通的中心，所有的汽车、出租车、轮船都从这里出发并返回这里，在此留宿最方便。

4. 夏季7～8月前往旅游的话，须提前2～3周预订船票；其他时期也最好提前1～2周预订船票。

Part7 其他地区
忠清南道
3
·恋浦海水浴场·

旅游资讯

🏠 忠清南道泰安郡
近兴面都璜里

📞 041-6702114

🚌 在泰安市外巴士
客运站乘坐开往恋浦
的郡内巴士可到，每
30分钟发车一班

@ www.taean.go.kr

恋浦海水浴场（Yeonpo Beach）是电影《茶母》《蹦极》的拍摄地，也是著名的高级疗养胜地。恋浦海水浴场内白色的沙滩与海上若隐若现的小岛，都使这里显得异常美丽，而且海边的住宿设施完善，非常方便。另外，恋浦海水浴场在暖流的影响下水温较高，也因此成为了韩国国内开放时间最长的海水浴场。

狮子岩：以美丽的日落而闻名，另外这里还流传着有关新罗时期大将军异斯夫的传说。在此欣赏美丽的日落，浪漫气息十足。

Part7 其他地区
忠清南道
4
·泰安海岸国立公园·

旅游资讯

🏠 忠清南道泰安郡
泰安邑

📞 041-6729737

🚌 在泰安综合客运
站乘坐巴士前往

@ www.ggtour.or.kr

泰安海岸国立公园（Taeanhaean National Park）是韩国著名的海岸休养地，由安眠岛和泰安半岛一带的130多座岛屿构成，海岸边分布着许多奇岩怪石，景色壮美。另外，公园内生长着250多种植物，极富学术研究价值。同时，岛上还有许多的文化遗产，如忠魂阁、泰安摩崖三尊佛等。

新斗里海岸沙丘：是韩国唯一的沙丘，也是著名的泰安八景之一。这里的沙面非常广阔，如沙漠一样一眼望不到边，很是奇特。在新斗里海岸沙丘，有只能在沙漠地区才能看到的独特景观，同时，它也是韩国最大的海棠花群落地，而且有许多珍贵的动物栖息于此。

万里浦海水浴场：景色十分美丽，是泰安八景中的第一景。万里浦海滩的潮汐涨落较大，沙滩面积大，周围还生长着郁郁葱葱的松林。其日落也是非常有名的风景，当日落时整个海岸都充满着浪漫氛围。同时，万里浦海水浴场的周边设施齐全，还有当地代表性美食烤海鳗、烤大虾等美味，非常适合家庭旅行。

▶▶ 大田广域市

大田科学节（Daejeon Science Festival）是以科学为主题的庆典，自开始至今，激发了无数学生对科学产生关注和兴趣，并提高了市民们的科学知识，是使大田闻名全国的庆典。大田科学节内容十分丰富，有许多颇有意思的科学实验。它们以游戏的方式供游客体验，非常有趣，同时也会有许多新奇的科技产品展出，能让你大开眼界。

旅游资讯

🏠 大田广域市世博会市民广场、韩光塔广场、旧市区一带
📞 042-2501735
◎ 10 月中旬左右
10:00 ～ 18:00，科学展示及体验、舞台公演至 22:00

▇ 不要门票也能 High

活动项目一览

1. 官方活动：科学节开幕式、开幕庆祝表演。

2. 展览体验：主题影像区、ICT 体验区、机器人 & 遥控飞机区、大德特区研究机关成果展示体验区、UNESCO 世界十大 IT 创新技术区、机械动力艺术 (Kinetic Art) 区、第 5 届大田发明大赛发明展、大德特区探访之旅等。

3. 市民参与活动：大田英才庆典、WISET 科学游戏区、大田生活科学教室、大田科学同好会体验教室。

4. 文化艺术：特邀诺贝尔奖得主与科学工作者演讲、科学家座谈会、科学音乐会、科学快问快答大赛、科学魔术秀、街头艺术家 & 卡通人物表演、大韩民国空军军乐队及仪队游行。

5. 特别与相关活动：世界科学高峰会、科学日、UST 科学快问快答大赛、观星庆典、科学汽车旅游营。

2

·大田树木园·

旅游资讯

🏠 大田广域市西区
屯山大路

📞 042-2708452

🚌 乘坐 911 路公交
车在艺术殿堂正门下
车；或乘坐 606 路公
交车在平松青少年文
化中心下车

🕐 4 ~ 9 月 06:00 ~
21:00；10 月至次年 3
月 08:00 ~ 19:00

@ www.daejeon.go.kr

大田树木园（**Hanbat Arboretum**）是韩国最大的室内人工树木园之一，保存着各种植物的基因，为广大市民尤其是青少年，能够亲近大自然创造了绝佳的条件。大田树木园中植物众多，自然气息浓郁。同时，树木园里的大田艺术殿堂、平松青少年文化中心、市立美术馆等，又给它增添了浓厚的文化气息。自然树木园反映了韩国人对自然环境的重视，游客在繁华的市内游览后，来到此地会有一番别致的体验。

3

·大田中央市场·

旅游资讯

🏠 大田广域市东区
中央路 200 号街 85

🚇 乘大田地铁 1 号
线在大田站下车

大田中央市场（**Daejeon Jungang Market**）是韩国中部地区最大的传统市场，是由中央综合市场、中央商家市场、自由批发市场、新中央市场和中央批发市场等单位市场组成的综合市场，主要售卖干货、工具、海鲜、韩药材等，规模十分庞大。

银杏洞青年文化街（Eunhaengdong Euneungjeongi Culture Street）是年轻人的文化街，被称为大田的明洞。文化街上有时装、景点、美食和娱乐设施，是一条可以同时感受文化与时尚的街道。同时，文化街上还经常举行丰富多彩的文化活动，整条街道热闹非凡，来往的游客和市民共同打造出了一条无车街道。

Part7 其他地区
大田广域市

4

·银杏洞青年文化街·

旅游资讯

🏠 大田广域市中区中央路 170

📞 042-2269100

🚌 乘坐地铁 1 号线在中央路站下车步行前往

🕙 10:30～22:00

@ www.culture-street.kr

▶▶ 京畿道

法轮寺（Beomnyunsa Temple）位于文殊山上，内有大雄宝殿、极乐宝殿、观音殿、三圣阁等建筑。另外，寺内供有重达 53 吨的佛祖像，左右立有 33 吨的文殊和普贤菩萨像，很是壮观。在文殊山上的法轮寺，周围风景也非常优美，古色古香的寺庙建筑，隐于青山绿水之间，意境非凡。

Part7 其他地区
京畿道

1

·法轮寺·

旅游资讯

🏠 京畿道龙仁市处仁区远三面农村乐园路 126 号

📞 031-3325703

🚌 乘坐 10-4 路公交车在龙岩站下车，步行前往

@ beomnyunsa.or.kr

2

·青龙寺·

旅游资讯

🏠 京畿道安城市瑞
云面青龙里

📞 031-6729103

🚌 乘坐 20 路公交
车在青龙寺站下车

@ www.buddhahouse.
com

青龙寺（**Cheongnyongsa Temple**）建于 1265 年，位于瑞云山山腰，是一座年代久远的古寺。传说，当初人们在寻找寺址时，此地出现了青龙乘着白云下凡的景象，因而将寺庙建立在此，并命名为青龙寺。青龙寺内有大雄殿、观音殿、观音清香阁、冥府殿等建筑，其修建者明本国师所立的三层石仍然完好地保留着。除此以外，青龙寺还是流浪跳舞艺人男寺党的根据地，至今青龙寺对面还有男寺党的村子。

🟪 不要门票也能 High

1. 青龙寺大雄殿是一座八角木质建筑，是研究高丽时代木质建筑原型的重要资料。

2. 男寺党的出现是在 1900 年，一般数十人一团，据说他们在青龙寺中度过寒冷的冬天，春季就走街串巷，表演农乐、假面剧、傀儡戏等以维持生计，内容一般为祈愿村子的发展和人的健康。朝鲜王朝时代的男寺党在日本统治下已经逐渐消失，如果你想要了解一下这种古老的表演艺术，不妨来一趟青龙寺。

▶▶全罗北道

边山半岛国立公园 (**Byeonsanbando National Park**)是韩国国立公园中唯一一个山水相映成趣的地方。公园大致可以分为两部分，一部分是海岸地区，一部分是内陆山区。其中，海岸地区有美丽的彩石江和西海岸三大海水浴场之一的边山海滨浴场；内陆山区则有直沼瀑布、开岩寺、内边山等名胜，特别是内边山更以瀑布、山谷及山林茂郁而闻名。

彩石江：位于边山半岛西部边际，此处长期以来受到波浪侵蚀，形成沉积岩层，好像万卷书堆积，十分壮观。

边山海滨浴场：被誉为西海岸三大海滨浴场之一的边山海滨浴场，沙滩景色美丽、周围环绕着茂密的松林，每年夏天便会有许多游客来此享受海水浴。

Part7 其他地区
全罗北道

1

·边山半岛国立公园·

旅游资讯

🏠 全罗北道扶安郡边山面、保安面

📞 063-5827808

🚌 乘坐边山地区的扶安—边山的公交车，车程约30分钟，每10分钟一趟

@ byeonsan.knps.or.kr

🟪 不要门票也能 High

1. 边山半岛国立公园的"三边"非常有名。"三边"一是指边材，即又直又长的松树；二是指边兰，一种野生兰草；三是指边山地区生产的自然蜂蜜－边清，香甜可口，亦可入药。

2. 边山半岛国立公园与其他公园最大的不同是，在这里游山可同时观海，这也是其最大魅力所在。站在山峰上欣赏青亮的山岭与大海连成一体，消失在地平线。此外，在山峰上还可以观看日落，景色别致，令人印象深刻。

2
· 内藏山国立公园 ·

旅游资讯

🏠 全罗北道井邑市内藏洞

📞 063—5387875

🚌 乘坐井邑—内藏寺的巴士，约需20分钟

@ english.knps.or.kr

内藏山国立公园（Naejangsan National Park）中的内藏山是全罗道的名山，更是韩国最美的枫叶山之一。每逢秋天，内藏山漫山遍野的枫叶，将整座山染成了红色，风景极美，故也有"湖南的金刚"的美誉。除了秋天外，春天、夏天和冬天的内藏山也同样美丽，或鲜花多彩灿烂，或绿树郁郁葱葱，或白雪皑皑立于峭壁之上，总之，内藏山一年四季各有各的美丽。

3
· 国立全州博物馆 ·

旅游资讯

🏠 全罗北道全州市完山区荻麥坡路249号

📞 063—2235653

🚌 乘坐45路公交车在统计厅站下车，步行前往

@ jeonju.museum.go.kr

国立全州博物馆（Jeonju National Museum）主要是研究、保存、展示全罗北道地区的文化遗产，这里收藏的2万余件文物，主要是全罗北道地区出土的先史时代和马韩百济时期的文物。博物馆共有两层，一层有古代厅和企划展厅，二层是美术展厅和民俗展厅，对全罗北道古时生活风貌、文化艺术等进行了详细地展示和介绍，对全罗北道的历史感兴趣的朋友千万不要错过。

●内藏山国立公园秋景

Part⑧ 韩国·旅行信息

证　件

办理护照要趁早

　　想要出国旅行，首先需要办理的证件就是护照。办理护照需要一定的程序，所以最好在旅行前 3 个月就开始着手办理。

·护照办理流程·

1 领取申请表　　有两种领取方式，所以有两种领表方式：1. 现场办理，携带本人身份证、户口簿到居住地或户口所在地的县级和县级以上的派出所、公安分局出入境管理部门或者参团旅行社领取申请表；2. 从当地公安局官方网站上下载并打印。

216

2 递交申请表　　提交本人身份证及户口簿等相应证件填写完整的申请表、原件彩色照片一张（需在出入境管理处或者是他们指定的照相馆照相）、提交护照工本费 200 元和 20～40 元照相费。

3 领取护照　　方式 1：本人按规定的取证日期，携《因私出国（境）证件申请回执》、缴费单、本人身份证件到出入境接待大厅领证。

方式 2：让他人带领，需携《因私出国（境）证件申请回执》、缴费单、托付人身份证件、你自己的身份证件复印件去领取。

方式 3：选择快递，需在办理护照当天，凭《因私出国（境）证件申请回执》到出入境管理处内的邮政速递柜台办理手续并缴纳快递费。

签证办理并不难

办完护照之后，就需要办理签证。虽然韩国政府规定满足某些条件的游客可以不必办理签证。但为了避免不必要的麻烦，最好还是办理一下签证，以免影响你在韩国的旅游。韩国驻华主要使领馆原则上要求，申请签证时，签证应在申请人户籍所在地所属的领区的签证处办理。具体事宜你也可以咨询户籍所在地的领区签证处。以下是韩国驻华主要领事馆的具体信息。

韩国驻中国使领馆		
名称	地址	电话
韩国驻中国大使馆	北京市朝阳区亮马桥第三使馆区东方东路 20 号	010－85310700
韩国驻青岛总领事馆	青岛市域阳区青阳路 88	0532－88976001
韩国驻上海总领事馆	上海市长宁区万山路 60 号	021－62955000
韩国驻广州总领事馆	广州市海珠区赤岗领事馆区友邻三路 18 号	020－29192999
韩国驻沈阳总领事馆	沈阳市和平区南 13 纬路 37 号	024－23853388
韩国驻成都总领事馆	成都市下南大街 6 号天府绿洲 19 楼	028－86165800
韩国驻西安总领事馆	西安市高新技术产业开发区科技路 33 号高新国际商务中心 19 层	029－88351001
韩国驻武汉总领事馆	武汉市江汉区新华路 218 号浦发银行大厦 4/19 楼	027－85561085
韩国驻香港总领事馆	香港金钟夏悫道 16 号远东金融中心 5－6 楼	00852－25294141

·签证申请步骤·

1. 了解办签证信息

登录韩国驻华大使馆网站，浏览有关签证申请信息、所需材料及办理的步骤。

韩国驻华大使馆网站二维码

2. 准备申请材料

了解申请签证所需材料扫二维码

3. 递交申请材料

一般的旅游签证只能通过大使馆指定的代办机构（旅行社）递交申请资料。个人旅游签证需在线预约后，前往使领馆递交申请材料，第三国公民可由本人直接来馆申请。持北京户籍者，可在韩国驻华大使馆网站在线申请"签证预约"。其他省市户籍人员可在所属领区的总领事馆官网在线预约签证，申请后再去相应总领事馆递交材料。

·申请韩国签证需要准备的材料·

申请签证时，不仅需要准备大使馆网站上要求的申请签证所需材料，还要根据本人入境目的准备邀请方（韩方）及申请人材料。在这里向大家介绍一下办理韩国个人旅游签证所需要准备的材料。韩国各使领馆在接受签证申请后，无论是否发放签证，申请签证时所提交的材料（护照除外）。

办理韩国个人旅游签证需要准备的材料	
材料	备注
护照	护照的有效期应该6个月以上，如果有旧护照，也一并带上
照片	一张半年内的彩色护照照片（3.5cm X 4.5cm）
申请表	从官网上下载（网址扫描下方二维码）

续表

材料	备注
财产证明	存折、工资单、房产证明、股票等
在职证明	原件
准假证明	原件
名片	原件
户口簿、身份证	复印件和原件
其他补充材料	行程单、机酒预订单、结婚证、家庭合影等

申请表网址二维码

·了解免签入韩条件·

　　如果你实在不想办理签证，可以看一下自己是否符合进入韩国的免签的条件，如果符合，可以享受一下韩国为中国游客提供免签的便利；如果不符合，还是要尽早申请签证。根据韩国驻华大使馆官网提供的文件《中国公民免签入韩介绍》，中国公民赴韩旅游时有以下几种情况可以免签。

中国公民免签入韩介绍

免签类型	对象	条件	停留时间	其他
济州地区免签入境	以观光、过境等为目的，从济州岛口岸入境的个人及团体游客	乘坐直达济州地区的飞机或船舶，团体观光客必须统一搭乘同一航班或船舶出入境	停留资格为观光过境，停留时间30天	活动范围只在济州岛内
换乘观光项目参加者	在仁川国际机场转机并参加换乘观光项目的外国人	持有72小时之内离境的转机飞机票	72小时（可在首尔、京畿、仁川等首都圈范围内观光旅游）	仁川国际机场入境边防检查站有"换乘观光项目负责窗口"
济州行换乘中国团体观光客	从仁川、金海、襄阳、清州、务安国际机场入境并在72小时内游览首都圈、岭南圈、江原道、忠清南北道、全罗南北道后，再换乘韩国国内航班前往济州岛的中国团体观光客	仅限韩中两国指定旅行社组织的团体，韩国指定旅行社（地接社）应在游客入境24小时之前将团体游客名单以电子邮件的形式发送给仁川、金海、襄阳、清州、务安机场出入境管理事务所	在首都圈、岭南圈、江原道、忠清南北道、全罗南北道地区最长停留72小时，抵达济州后最长可停留15天（包括济州岛之外的停留时间）	为让换乘游客能享受便捷而又安全的旅行，推出"出入境服务人员"制度，游客在首都圈、岭南圈、江原道、忠清南北道、全罗南北道旅行至换乘前往济州期间，服务人员将在出入境手续及安全旅行等方面提供帮助
免签观光登陆许可（豪华游轮观光客）	根据韩中两国间的有关协定，已得到承认的中国（驻华使领馆指定的代办团签旅行社）和韩国的旅行社招募的中国籍豪华游轮团体观光客	依据团体观光条件办理相关手续	3天	无

行程❋计划

选对城市很重要

　　韩国适合旅游的城市有很多，但是一次旅行很难走遍所有的城市，这样根据自己的爱好和预算挑选合适的城市就显得十分重要了。如果有一周左右的时间，建议在首尔及其周边游玩。如果有 10 天左右的时间，在首尔及其周边游玩的同时，也可以游览江原道、大田、光州以及庆州等几个代表性城市，或者选择首尔游玩 3 ～ 4 天之后前往济州游玩的组合路线。如果有 15 天以上的时间在韩国游玩，则可挑选更多喜欢的城市。

规划好路线不折腾

　　去韩国之前，非常有必要提前确定将要游玩的城市，接下来推荐 2 条路线仅供参考。

·路线 1：首尔出发·

首尔—京畿道—江原道

第一天：早上去南山公园，感受一下首尔的清晨阳光；在东大门，感受古老而坚固的历史遗迹，也可以去东大门市场感受热闹的氛围，中午在附近享用美餐；在明洞，体验购物天堂的热闹气氛，顺便还可以去看一下明洞天主教堂；在首尔广场，感受首尔城市的变迁，体验首尔市民的悠闲；夜晚来到清溪川，欣赏这美丽的潺潺流水。

第二天：光临 SMTOWN，体验韩流的魅力；在青瓦台中游览一番，体验韩国总统府的魅力；美丽的奥林匹克公园，感受伟大的体育精神；在梨花女子大学里，参观大学中的美丽环境和特色的建筑。

第三天：在坡州的临津阁，感受战争的残酷，怀念现在和平的来之不易；体验 Heyri 艺术村带来的艺术感受；在童话小镇普罗旺斯村，欣赏美丽的风景，体验浪漫氛围。

第四天：在江陵的正东津海边观看美丽的日出；在镜浦台散步，欣赏美丽的海边风光；攀登雪岳山国立公园，体验韩国名山的风采。

第五天：来春川必去春川浪漫市场，感受热闹氛围；来到春川国立博物馆，探寻江原道的历史秘密。

·路线 2：济州出发·

济州—釜山—庆州

第一天： 在城山日出峰欣赏美丽的日出与海岸风光；来到牛岛，自由地漫步在美丽的海边绝境中，享受悠闲的氛围。

第二天： 在龙头岩观赏海边奇景，听一听古老的传说；来到济州民俗博物馆和国立济州博物馆，了解济州的历史文化。

第三天： 来济州怎能不去汉拿山一游，从山君不离来到美丽的汉拿山，体验登山的乐趣。

第四天： 在金井山城感受古建筑的宏伟气息；来到札嘎其市场，体验釜山市民风情的同时也可以美美饱餐一顿；漫步在夜景迷人的海云台海边，享受美妙的浪漫气氛。

第五天： 在国立庆州博物馆，感受新罗时期的灿烂文化；石冰库让人感叹古代建筑的精美；在鸡林中漫步，感受林中独特的气氛。

做出预算有分寸

在韩国旅行，花费主要包括餐饮费、住宿费、交通费、观光费等。韩国的旅游也比较发达，所以在旺季（9～11 月）、淡季（6～8 月）花费有所不同，尤其在住宿方面。一般来说选择旺季出行的人比较多，所以这里根据旺季的消费水平进行预算估计。你可以根据实际需求确定各项费用的大致开销，防止严重超支。

名目	类别	单价（单位：人民币）	详情
护照	首次签发	200 元	在申办护照办公室拍照，加收 20 ~ 40 元
	换、补发	220 元	包括到期、失效换发，损毁、被盗、遗失补发等
签证	短期签证（停留 90 天以内）	260 元	关于韩国签证详情，可参考韩国驻华大使馆的官方网站
行李	需添置物品	酌情定	行李箱、防晒霜、插头转换器等平时不常用但需添置的物品
机票	往返联程	2500 元左右	建议至少提前一个月关注票价，买好往返票，这样能享受较多的优惠，且避免临时买票买不到（表内是经济舱的价格）
住宿	首尔等热门城市	约 800 元／天	在首尔、经济岛等地的住宿费用很高，条件不错的酒店价格要 800 元／晚左右，如果想要住经济一点的旅馆，可以找当地的青年旅舍或者住在离市中心、景区稍远的地方
	其他城市	约 600 元／天	在庆州、光州等相对不那么热门的城市，住宿费用相应会低一些，每天 600 元左右可以住个中档的旅馆
餐饮	正餐	约 200 元／餐	如果想坐下来吃个正餐，一个韩国传统套餐 200 元人民币左右
	小吃	约 70 元／餐	韩国的小吃特别多，价格也有很大不同，以皇南饼为例，20 个一包的皇南饼约为 70 元
市内交通	出租车	室内出行约 100 元	首尔这样的热门城市，出租车费用较高，出租车起步价为 20 元，节假日、深夜可能价格更高一些，一般短途的出行大概 100 元。其他城市的出租车费用相对较少一些
	公交车	约 7 元／次	韩国各个城市的公交票价不一，一般来说，使用交通卡比现金要便宜一些，而且有换乘优惠。以釜山为例，使用交通卡乘坐公交车每次约 7 元
	地铁	约 6 元／次	首尔很多城市都有地铁，而且会有多种车票供你选择。以首尔为例，购买交通卡乘坐地铁，每次约 6 元
购物	高丽参	约 3000 元／支	韩国的人参被称为高丽参，高丽参具有消除疲劳、增强体力、促进血液循环、预防贫血等功效，一支高丽参从 500 元到几千元不等
	韩服	约 600 元／件	人们通过韩国的历史剧，可以了解韩服的着装方式及其魅力之处。典雅的韩服适合于各种体型的人穿。一件韩服的裙子为 500 ~ 700 元

韩国旅行基本消费

223

续表

名目	类别	单价(单位 人民币)	详情
娱乐	电子产品	约2000 元/件	韩国的电子产品标准严格、物美价廉、再加上汇率差异等优点，受到很多游客的欢迎。许多大型的电子产品购物中心聚集在一起，更是为游客购物提供了便利条件。一架三星的相机为700～5000元
	工艺品	约300 元/件	韩国工艺品制作精美、颇具古风古韵。在种类繁多的工艺品中，最具有代表性的是螺钿漆器、木工艺和韩纸工艺。一件韩国工艺盒100～350元
	泡温泉	约70 元/人	在韩国，泡温泉是一种非常盛行的休闲娱乐方式，韩国的许多城市都有专门的温泉乐园。在传统温泉的基础上，许多地方还推出了多种温泉体验
	游乐园	约150 元/人	韩国境内各地都有大型的游乐园，尤其在首尔及其周边地区。这些游乐园占地面积巨大，内部设施多种多样，可以满足不同人群的需求
	乱打秀	约300 元/人	乱打秀是一个集多种表演于一体新型舞台剧。在舞台上，演员们用各种厨房用品作为打击器物敲打，表演出一个个令人啼笑皆非的故事

提前打印行程

　　在选好城市、定好路线后，将自己所做的行程安排打印出来随身携带，很有必要。住宿地点、乘车地点的相关资讯尤为重要，在自己迷路或是遇到其他情况的时候，手里的旅行安排就会派上用场。此外，各类地址最好用韩文和中文双语标注，这样，既能让自己看懂，也能让你所乘车辆的司机更快明白你所要抵达的目的地。

　　现在网上有很多可以制定行程的行程助手，使用起来都十分方便，如果觉得自己制定行程太过繁琐，也可以关注出境旅行助手的官方微信，只需要提供自己的想法，就能免费获得一份详细的韩国行程安排。出境旅行助手官方微信账号：cjlvzs。

关于 ❀ 货币

由于人民币在韩国不流通，因此在去韩国旅行的时候，还要兑换一些韩元。韩国的货币兑换跟其他国家的情况有些不同，你可以在国内先把人民币换成美元，再到韩国用美元购物或者兑换韩元，这种方法利用了兑换汇率的差价，能省不少钱，适用于在韩国游玩十天以上的旅友，或者要采购不少物品的旅友，基本把700元人民币换为美元，再换为韩元的过程，能节省 25 ~ 75 元人民币。

到底要花多少钱

对于到韩国只玩四五天的旅友，基本花销在 5000 元人民币左右，扣除机票钱，也就约 3500 元人民币，用这个办法节约的人民币数量不多，很多旅友会觉得麻烦而接受差价，直接在韩国的机场或者是一次性换清；也有的旅友直接在国内的银行一次性兑换足额韩元。需要注意，入境韩国携带的韩元不超过 5000 美元或等值韩元（约 500 万韩元），不用申报。

兑换韩元要了解

·国内兑换·

在国内很多银行都可以兑换韩元，在前往银行之前可以先打电话给相应的银行客服询问相关信息。可以去中国银行兑换，那里的汇率比较适中，需要带上身份证即可。如果用现金比较多的话，可以在国内兑换好韩元带到韩国；也可以做成汇票，方便携带，汇票一般适用于大型商场、酒店等地，如果在民居或者青年旅舍等住宿，或者在小商店购物，支票不实用。

·在韩国兑换·

韩国可以兑换韩元的地方很多，银行、机场、车站、酒店、邮局、街边等几乎都有兑换货币的地方，这些地方的汇率高低不等，一般来说，机场和车站的汇率价格都比较高，但是比较方便，而酒店的汇率一般会比较低。

你也可以在换钱所兑换，换钱所的汇率比较低，非常实惠，是在韩国常用的换钱场所。韩国的换钱所有两种形式，一种是公认兑换所，一种是韩国民间换钱所。公认兑换店主要在游客较集中的明洞、东大门、梨泰院等景点外。但是与其他提供兑换服务的地方比较的话，就没有那么方便和容易发现。在其他城市的公认兑换店不太多。一般招牌上贴有美元、日元等外币兑换标志的地方有可能就是公认兑换店。韩国的民间兑换所，是公开的黑市（在韩国是合法的）。当地的导游、外侨、长期居住的外国人，几乎不会拿外币到银行换韩币，而会到这些所谓的"黑市"去兑换。

省钱才是硬道理

在外旅行，吃、住、行、购都需要用钱，但是每个人的要求又有所不同，有人在美食上从不将就，有人则想要住得舒心一点。那么如何使每一分钱都花在刀刃上，就成了你必须考虑的问题。下面是一些关于如何省钱的建议，你可以根据自己的需求进行选择。

省钱窍门

省钱方法	细节
制定旅行计划	出门前选择有兴趣的目的地制定旅行路线，防止景点重复和交通浪费
巧用时间差	提前购票，这样优惠就比较多；可以选择淡季出行，可以省下一笔旅游费用
带上信用卡	带现金比较容易丢失，建议带上信用卡，既方便，又能攒积分
以步代车	对于距离比较近的景点，如果体力可以，尽量选择健康环保的步行方式，这样能节省不少交通费用
在景区外食宿、购物	景区内的食宿一般都贵，中午可以携带方便食品先垫垫，出了景区再找食宿；景区内的纪念品价格也比较高，可以去特色街区购买便宜而有纪念意义的物品
货比三家	在一些热门景区的小商店，许多纪念品的标价都比较高，这时你要货比三家，并学会适当砍价。不过在一些规模比较大的商店，已经明码标价的商品则不能砍价
选择提供早餐的旅馆	如果你选择经济型酒店，注意是否包含早餐。选择提供早餐的旅馆，可以节省不少费用

续表

省钱方法	细节
网上预订机票和酒店	在你打算去韩国旅行后，应尽快做好出行计划，尽早预订机票和酒店。预订后要保持沟通，在发现降价时可以要求供应商提供折扣，这样你越早预订，就能享受越多的折扣
把握好商品打折机会	在韩国这个购物天堂，很多人都会有自己的购物计划。每一个季节结束时，许多名牌货仓会有过季商品打折活动，可以把握好这一机会
结伴出游	如果可能，建议尽量结伴出游，这样不仅能有个照应，在住宿、出行时彼此也都能省下一些费用

刷卡千万要注意

·在韩国如何使用 ATM·

韩国的 ATM 有很多，银联卡也成了韩国 ATM 受理最多的银行卡，凡是贴有银联标志的 ATM 取款机都可以使用银联卡提取现金。在韩国取款是一件非常轻松的事情。

韩国银行 ATM（可供中国银联卡取现）

银行名称	银行 LOGO	银行名称	银行 LOGO
尤利银行	우리은행	新韩银行	신한은행
韩亚银行	하나은행	SC 第一银行	Standard Chartered
外换银行	SMART BANK KEB 외환은행	企业银行	IBK 기업은행
釜山银行	BS 부산은행	大邱银行	DGB금융그룹 대구은행
庆南银行	경남은행	济州银行	제주은행
光州银行	광주은행	Hannet	HANNET
Nice	NICE	KIB	AL-DAWLI
Hyusong	HYOSUNG	Gatebank	GB GateBank www.gatebank.co.kr

很多人来韩国都会带着兑换好的韩元，这样虽然免去了在韩国兑换韩元的麻烦，但是这样携带着现金也很不方便，因此，去韩国的时候，可以带小部分的韩元，然后带着银联卡（包括借记卡和信用卡），这样既方便携带，又避免了一些风险。

可能很多人会疑问，用 VISA 卡在韩国取款（总部在美国）可以吗？这个问题如果是针对美国等欧洲国家，是可以的，但在韩国，用银联卡（总部在中国）取款是最好的。简单来讲，VISA 卡用人民币取韩元要经过韩元换算成美元，再根据还款日当天的汇率折算为人民币，汇率时刻在变动，这样常常有很多不确定因素，并且换算完之后，VISA 卡总是比银联的要多扣点手续费。

韩国可以使用银联卡取款的取款机一般都会贴有银联的标志，这些取款机除了在韩国的大多数银行能见到外，在韩国发达城市的繁华街道、购物区都能见得到，在这样的取款机上取款非常方便。关于在韩国取款机上取款的步骤，我们来做一下简单的了解：

1. 看 ATM 机上的标志

2. 插入银行卡

找到取款机后，先等待一会，待取款机上显示出插入银行卡的图标后再插入银行卡。

3. 选择语言

插入银行卡后，可以进行语言选择项。

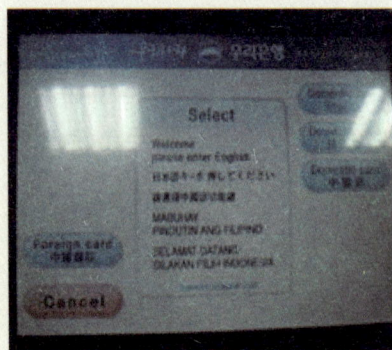

中国语是供给持有韩国当地银行卡的在韩的中国人使用，韩国的银行卡密码是 4 位数，而中国银行卡则是 6 位数，如果不点中国银联直接用的话，会出现无法正确输入密码的情况。

4. 按中文提示操作

选择了中文界面后，之后的步骤就和在中国的取款机上取款相同，你只需根据取款机上面的中文提示一步步进行操作即可。

优惠✿券

　　外出旅游想要省钱，优惠券是必不可少的。除了能给你带来价格上的优惠以外，还常常与正常消费有许多不一样的体验，比如许多饭店会通过优惠券赠送他们家最独特的美味，让你无需纠结于美食的选择，还有像 MCM 这样的韩国著名新奢品牌，也会通过优惠券来赠送精美的小礼品。

■ 优惠券类型

　　优惠券主要包括美食、购物、景点等，现在许多网站提供的免费优惠券，在每个方面都会有所涉及，十分方便。另外，在韩国访问年期间（2016—2018 年），韩国还为外国游客提供专用交通卡"K 交通卡"。

·K 交通卡·

　　使用外国游客专用观光交通卡"K 交通卡"(K–TOUR CARD)，可以更加便利地使用韩国的各种交通工具。另外在 Korea Grand Sale 期间，使用"K 交通卡"便可享受购物、食品、公演的优惠。具体信息可在韩国访问年网站查询。

　　韩国访问年网站网址：www.vkc.or.kr/sc/benefit/ktourcard.asp。

交通卡折扣优惠	
韩国	**中国**
Olive Young：购买额超过 5 万韩元是享受 10% 折扣； Vips：10% 折扣（折扣额度最高位 2 万韩元，仁川机场店不享受折扣）； Bibigo：10% 折扣（最大 2 万韩元折扣，仁川机场店除外）； Bibap：30% 折扣； 爱宝乐园／加勒比海岸：自由券 30% 折扣；	Olive Young：10% 折扣； CGV：购买爆米花套餐时享 15% 折扣； BIBIGO：10% 折扣； A TWOSOME PLACE：咖啡 10% 折扣； Tous Les Jours：10% 折扣；

　　注：以上折扣优惠可能会有变动，折扣不可叠加，部分商品可能不在折扣范围

卡内余额使用处

www.t-money.co.kr/ncs/pct/ugd/
ReadUsepCrcl.dev（韩）

充值及退款

1. 充值处包括便利店、交通卡自动贩卖机（地铁 1～4 号线）、地铁有 /

无人充值机、地铁 T-MONEY 服务台（首尔地铁 1～8 号线，仁川地铁）、银行 ATM。

2. 退款可在便利店，地铁 T-MONEY 服务台（首尔地铁 1～8 号线，仁川地铁）、银行 ATM。

在哪里买

1. 仁川机场交通中心内的空港铁路旅行中心，营业时间：07:00～21:30，年中无休

2. 仁川机场航站楼 1 层 45 号空港铁路咨询中心，营业时间：07:00～21:30，年中无休

优惠券购买预订

在许多网站上都会有优惠券的免费打印、介绍等，如韩巢网、韩游网等。个别城市也会有专门的网站提供优惠券，比如在首尔旅游网就有许多首尔的优惠券。另外，许多旅游 APP 上也会有优惠券的提供，比如韩游网 APP 等，除了提供优惠券服务外，还可以根据你所在的位置提供给你附近的优惠券。

韩国旅游优惠券购买预定渠道信息				
名称	使用方法	网址	网址二维码	简介
韩巢网	免费打印使用，部分可用手机出示	cn.konest.com/contents/coupon_list.html?		种类涉及美食、购物、景点、医疗，并有门店的详细介绍和地图
韩游网	电子券（需下载 App）、打印券、部分可用手机出示	www.hanyouwang.com/coupon.html		种类涉及美食、购物、韩流、景点、交通、美容，可下载 App 使用电子优惠券，非常方便
韩国访问年	打印使用	www.vkc.or.kr/sc/benefit/coupon.asp		韩国官方的优惠券网站，除了提供各种优惠券外，还有许多优惠活动介绍
在首尔网	打印使用，部分可用手机出示	www.zaiseoul.com/coupon		以首尔团购券为主，还附有首尔攻略介绍等

预订 ✺ 机票

选择航空公司

如果你已经大致确定好自己的行程，在出发前的 1 个月左右的时间，就可以去网上的航空订票网站上查询航班信息，准备预订往返机票了。现在很多大的订票网站，比如携程网、去哪儿网等，预订机票都非常方便，也可以前往各航空公司的官网预订机票。机票的价格会根据季节或预订机票的张数的不同而不同，一般来说旅游淡季比旺季便宜，往返票比单程票便宜，转机比直飞便宜，提前预订也能享受到较大的优惠。

航空公司订票网站

航空公司名称	网址
亚洲航空	www.airasia.com
捷星航空	www.jetstar.com
春秋航空	www.china—sss.com
wegolo 国际机票网	www.wegolo.com

对比航班价格

如果想要预订到优惠机票，至少提前一个月左右，或者更加提前一些，还可以时常关注一些特价机票，这样才能够享受较多的优惠。对于机票来说，预订比临时购买便宜，往返票比单程票便宜，转机比直飞便宜，但要麻烦许多。因此买机票应提早、货比三家，不要只顾眼前低价，而耽误行程。

网上买机票

　　购买机票是很谨慎的事情，自己订票可以到售票窗口，也可以到各大航空公司的网站或代购网站预订。一般来说，到窗口购买时很少有折扣的，而到各大航空公司的网站预订是比较划算的。到航空公司的网站，可以先在携程网（www.ct.com）上查一下票价的大概范围，然后到相应的航空公司网站查询、预订。

　　除了在航空公司的官网购买机票，还可以在一些旅游网站、机票代理网站，以及专门出售特价机票的网站预定。推荐的网站有携程网、艺龙网、京飞网、纵横天地旅行网、去哪儿等。在这些网站，经常刷票，有时能买到 2 ～ 3 折的特价机票。

在网上购票需要注意

　　1．选择信誉度高的网站，最好是航空公司官网等；

　　2．登录官网注册输入的真实姓名要和护照上的一致；

　　3．谨防"黑代理"。这类代理一般利用网站信息，通过手机短信和小广告，对购票者进行欺诈；

　　4．在付款时，最好选用信用卡支付，减少支票等支付方式。但也要防止信用卡被盗用；

　　5．你要留下好用的电子邮箱。划账成功后，在网页上就会显示你的机票信息（同时也会发送到你的邮箱中），你

最好要打印出来（至少也要记住预定号码）；

　　6．多次核对基本信息。网购机票是一定要注意，多次对自己所填信息进行核对，避免出错，拿到行程单后也一样；

　　7．旅客可以在订票当日或次日到航空公司的网站再次核对有关信息。此时，应该在比较明显的位置看到"已出票"的字样；旅客也可以致电航空公司确认是否已经出票；

　　8．在航班起飞之前 3 ～ 5 日，应该再次核对、确认。确认机票后，就可以打印电子机票，凭借它就可以直接到机场柜台报到。

预订 ✿ 酒店

韩国住宿类型

韩国住宿选择有高级酒店、Goodstay、青年旅舍、韩屋寄宿、家庭住宿等。在很多景点周围还有观光酒店，住在里面可以方便游玩。韩国的酒店简朴、实用、不奢华，但设施完善，干净整洁。酒店不提供一次性牙刷、牙膏、拖鞋、剃须刀等，所以日常用品要自己准备。持有"韩国铁路通票"的游客在韩国的一些宾馆中住宿时，可享受10% ~ 50% 的优惠。

1. 星级酒店

韩国的酒店分超豪华（5星）、豪华（4星）、一级（3星）、二级（2星）和三级（1星）5种。拿双人间来说，超豪华饭店的每晚为20万~ 40万韩元，豪华饭店为15万~ 25万韩元，一级饭店为10万~ 15万韩元，二级饭店为5万~ 10万韩元，三级饭店为3万~ 10万韩元。当然，按饭店的位置、入住季节、设施条件的不同，价格也不同。豪华级以上的饭店大多均设有Fitness Center、桑拿浴、商务中心、西式餐厅、咖啡厅等附属设施，在这些地方，要多收10%的服务费，以及一些其他费用。

2. 居住式饭店

居住式饭店是集公寓、饭店、办公楼之优点于一体的饭店。一般而言，居住式饭店是为长期租住者而设计的，因此所有房间都设有厨房设施，高档洗浴间、电视、录像机和洗衣机等家电用品。其他服务设施包括出租的办公室、商务中心、桑拿浴、健身房、咖啡厅、面包店和餐厅等。住宿费是每日15万~ 85万韩元，长居房客有优惠。

3. 青年旅舍

韩国目前有几十家青年旅舍，这些旅馆大多坐落于著名城市和地区，但有些旅舍距离景点或市中心远，交通不太方便，这些在入住之前要考虑清楚。大

多青年旅舍的规模很大，甚至有几家的设施几乎可与高级饭店媲美，价格为1万韩元（1张床或者单人间）到16万韩元（4人家属间），持有国际青年旅舍会员卡（Hostelling International Card）者可享受20%～30%的优惠。国际青年旅舍会员卡可在去往韩国旅游前，在国内就申请好，另外，也可到韩国后，在韩国青年旅舍联盟（Korea Youth Hostels Association）交付2万韩元（25岁以下1.5万韩元）申请。

韩国青年旅舍联盟

🏠韩国首尔钟路区积善洞积善现代B.D. 409号

📞02-7253031

🚗乘坐地铁3号线在景福宫站6号出口出来即可

4. 客房旅馆

到韩国旅游，如果既想节省钱，也能接近景点方便游玩，同时能认识更多的朋友，那么客房旅馆（Guest House）是最佳的选择。客房旅馆一般是在韩国人家居建筑基础上改建的，多位于大城市主要景点的周围，而且价格低廉。住在客房旅馆的人大多是背包客，因此个人或自由旅游者可以通过主人或者其他住宿朋友了解具体而实用的信息和资料。

你还可以邀一些志同道合的朋友一起游玩。住宿价格每天1.5万～4万韩元。

5. Goodstay

Goodstay是韩国旅游发展局和文化体育观光部指定的优秀住宿单位。通过认证的Motel、旅馆等住宿单位都带有"Goodstay"字样的认证标志，很容易分辨。韩国目前有180处Goodstay。住在Goodstay，不仅很安全，而且因其设施和服务好，也很舒适。

6. 韩屋住宿

到韩国旅游，想感受一下韩国的传统生活方式和文化，那么就可以选择韩屋住宿。提供住宿的传统韩屋都有着少则几十年，多则几百年的历史。它们拥有年代久远的老家具、糊着韩纸的窗户、酱缸台等韩国非常传统的东西，当然也有电视机等家电产品和西式卫生间。但是卫生间大都在户外，是公用的。如果想住在配有室内卫生间和淋浴室的房屋，最好在去之前确认信息，事先预约。有一些韩屋还提供茶道体验、制作陶器。此外，这种住宿也提供简单的餐饮，一般需要另外付费。在选择韩屋时，可以综合考虑客房费用、周边景区等多种因素。

■ 提前预订酒店

　　在出门旅行的时候，提前订好合适的酒店非常重要，既能避免出现无房间的情况，又可以详细的挑选自己喜爱的酒店，同时在旅游旺季，有时预订酒店还能享受一定的优惠。

　　现在大多数游客都是通过网站预订酒店，尤其是对于第一次去韩国的游客来说。首先，如果有已经确定好了要订的酒店，可以在搜索网站上查找其官方网站并预订。而在没有确定酒店的情况下，可以根据城市、价位等确定自己选择入住的酒店。另外，发电子邮件也可以进行预订，但要先确定对方是否有合适的房间及价格。预订成功后，可以在网上打印酒店的预订单。

　　每一类的酒店都有其优势与劣势，比如青年旅舍的价格可能非常便宜，但也常常因为交通不发达而产生许多不方便。一般在选择酒店时主要考虑价格、交通、环境这三个因素，所以在订旅馆的时候一定要考虑好自己所需要的是什么，才能选到满意的住所。

✕✕✕✕✕✕✕✕✕✕ 酒店预订网站推荐 ✕✕✕✕✕✕✕✕✕✕

网站	特点
www.benikea.cn	是韩国 Benikea 连锁观光酒店预订官网，在韩国的主要城市都有该酒店，方便选择
www.venere.com	提供很多中低档酒店预订服务，取消预订不收费
www.booking.com	酒店很多，而且从经济型酒店到高档酒店均能找到
hotels.ctrip.com	携程网酒店预订，酒店数量很多，而且可以在预订前看一下酒店评价

智能旅游 * 小助手

智能手机和平板电脑大大方便了人们的出行，尤其当你去一个比较陌生的地方时，一款实用软件将使你的行程轻松不少。所以你十分有必要在出发之前找到一款实用且有效的软件，提前在手机或平板电脑上安装好，这样在旅行途中有什么不清楚的地方可以随时拿出手机或平板电脑查询。这些软件在苹果手机的ITunes商店，以及安卓手机的Android Market上都可以下载。

·十六番·

十六番是一个旅行者交流的社区，大家相互提供旅行经验，分享旅行见闻和乐趣，还能及时了解十六番折扣信息，随时随地观看十六番出境游攻略，找到有用的信息，给出行带来极大的方便。最重要的是，可以手机提问，番友以及版主都会回复你。

官方下载地址

·吉通韩国·

吉通韩国集合了全部韩流旅游、购物美食优惠券、免费7000个Wi-Fi等各种信息于一体，是旅行时非常实用的手机APP。吉通韩国还有个性化主题旅行路线"江南美容游"，以及和韩国娱乐公司共同策划的韩流游、追逐《来自星

星的你》的拍摄轨迹游等路线，是穷游出行的必备APP。

ios下载地址

安卓手机下载地址

·韩国地铁·

韩国的地铁四通八达，韩国地铁（Subway Korea）是一款可以设置时间的韩国最新地铁软件，这款APP简单实用，特别方便，可以搜索离自己最近的地铁

站及提醒功能，还提供英语、韩语、日语3国的语言服务，让你像在自己生活的城市一样，方便地利用各种工具。

ios 下载地址

安卓手机下载地址

·谷歌手机翻译器·

如果你对韩语不是太熟悉，那么准备一款翻译软件是十分有必要的。谷歌手机翻译器（Google Translate）是Google开发的在线翻译软件，支持超过50种不同语言的翻译。在这款功能强大的翻译软件中，你既可以输入语言，也可以拍照进行翻译，目前的版本还有较为完善的离线语言包。但是这个软件需要较好的网络环境，而且翻译一般为直译，它能帮助你大概了解语句的意思，只是在语序以及润色方面还有不足。

ios 下载地址

安卓手机下载地址

入境 ❀ 韩国

1. 填写入境卡

入境前最好提前在飞机上填写所需资料，这样能为入境节省时间。一般入境韩国的游客都需要填写至少两份资料，一份是入国申告书（每一位游客都需填写，表格内的空格都需要填写），一份是旅客海关申报单（每人或者每个家庭一份）。韩国的入国申告书很多地方都有中文提示，这为不懂韩语的游客提供了很大的方便。但是这里的中文是繁体的，在填写过程中可能会出现一些疑问，为避免误填，下面是填写时的一些解说。

1. 汉字姓名：就是自己平时写的姓名，跟签名都用汉语；

2. 姓：按照护照上的 Family Name 写即可，注意大写，注意不要跟名写反；

3. 名：按照护照上的 Given Name 写即可；

4. 性别：是什么性别就在相应性别符号前面的方框里面打钩，或者涂满，都可；

5. 国籍：写中国的英文 "China"；

6. 出生日期：按照 "19860516" 的格式填写，注意月份和日期为一位数前面都要补 0；

7. 护照号码：按照护照上的号码填写即可；

8. 本国住所：在中国的居住地地址；

9. 职业：就是你在国内做什么工作，比如教师 "Teacher"，销售人员 "Salesperson"等；

10. 韩国预留地及电话：填写自己刚入境韩国那天预订的酒店的名称，地址和前台电话；

11. 入境目的：可以选择在 Tour 或者 Visit 前面的方格内打钩，或者涂满；

12. 航班／船次：这个是不懂繁体字的旅友最难以理解的，按照机票或者船票上的班次或者号码填写

韩国入国申告书

韩国海关申报单

13. 出发地：从哪个城市出发，就填写那个城市的英文，按照机票或船票上的填写；

14. 签字：可以用中文签本人名字。

2. 检查检疫

携带动、植物及家畜进境的旅客应向国立兽医科学检疫院及植物检疫站申报而接受检疫，出示由出口国签发的动物检疫卡或植物检疫卡。

3. 入境检查

在入境韩国时必须在韩国机场或港口的入境审查台处提供指纹和面部信息才可进入韩国。以下是入境检查的步骤。

1. 提交入国申告书和护照；

2. 采集两手食指指纹；

3. 脸部拍照（拍照时不可打电话，不能戴眼镜和帽子等）；

4. 入境审查官确认过程。

4. 提取行李

接受完入境检查后就可以去提取行李了。一般在韩国的机场都有专门的提取行李处，它一般都有韩文的标志，同时也有英文和中文的标志，你只要看到中文的行李提取或是"Baggage Claim"就知道这是提取行李的地方了。

5. 海关检查

当你有物品需海关验放时，在你领取行李后去海关申报区域，在海关检查台上出示"出入境旅客行李物品申报单"。如果你没有物品需海关检查时，就不必出示"出入境旅客行李物品申报单"，可以直接通关。

从韩国 ❀ 离境

返程机票预订

返程机票虽然可以在韩国预订，但是为了避免反复订票的麻烦，建议在去韩国之前就订好往返的机票。

如果没有在中国预订好返程机票，那就需要在韩国购买了。在韩国预订机票，和中国很相似，可以让旅行社、代理网站帮自己购买，也可以自己在比价网站筛选购买。

韩国的订票网站很多，一般可以在各大航空公司的官方网站预订。这样会比较方便，而且里面也提供一些特价的机票。

在韩国网站购买机票时要用信用卡或银行卡支付，最好是在韩国申请的卡，中国的卡在买机票时，有时网站不能识别。网上买机票除了要填写护照姓名、住址、旅行时间、地点等之外，还可以在网上订座位和选择电话提醒服务。

办理离境手续

韩国的出境程序与入境差不多，但也有很多方面需要注意。离境时的机票一般都包含机场税，所以旅客不用再交机场税了。

·找到航站楼与出境层·

韩国的机场很多，每个机场都有不少航站楼，这样很容易造成人们的混乱，所以在出境之前，应该要找到自己所要到达的机场和航站楼。一般来说，到达机场后的第一件事，就是确认自己所在位置是不是在出境层。

·划位柜台及行李挂牌·

确定好航班信息之后，就可以寻找你所要搭乘的航空公司的划位柜台了，划位柜台比较好找，一般柜台上面会显示航空公司名称、可划位的班机号码和目的地。找到划位柜台后，无论是你自带的行李还是要托运的行李都要挂上标有姓名与地址的行李牌，这个可以向划位柜台索取。

·出境海关检查·

办理好上面的一系列手续后就可以进入登机区了，在进入登机区时需要出示护照和登机牌，然后才可以进入海关柜台，在这里海关人员要对你的护照和登机牌进行检查，检查好后，海关人员会在你的护照上面盖上出境章。

■ 托运行李 ■

"托运行李"（Checked Baggage）是指你办理登机手续时交给机场人员系上标签，送入飞机行李舱，随机一起运送的行李。"手提行李"（Hand Baggage）是指你登机时随身带行李上飞机。一般情况下，除去你的钱包、外套和一些小的随身物品外，你可以携带一件手提行李。这件手提行李的尺寸是有规定限制的，一般是长宽高的总和不能超过115厘米，也就是必须能保证放到你的座位下面或座位上面的行李架里。如果回国时的行李特别多，可以先通过快递，邮寄一部分回国。

·考虑行李规格和重量·

大多数航空公司会对乘客携带的行李有一定的限制，不管是行李的重量还是行李的尺寸都有限制。因此在出发去机场之前，最好打电话给航空公司询问行李的最大规格和重量。旅客一般允许携带两件行李，每件行李都要符合该航空公司对尺寸和重量限制的规定。如果你带了很多件行李或有行李超出了重量限度，你就得支付超重行李费。

·在行李上标明个人信息·

在托运行李时，需要确保每件行李上都标明了你的姓名、家里的地址、电话。此外，还要用足够牢固的行李号码牌和标签，为保险起见，你还可以在行李箱里也放上身份号码牌。

·行李丢失·

如果你的行李中有特别贵重的物品，为保险起见，你可以在机场或旅行社为行李购买一份行李保险。这样你有行李丢失的话，就可以立即在机场填写索赔文件。你最好也要写上帮助你处理这件事的人的名字，以及能够与他取得联系的地址和电话号码。航空公司通常会尽力帮你找到行李，然后把它送到你的住处。如果在一段时间后还是找不到的话，航空公司会和你协商来赔偿你的损失。

购物退税不能忘

1. 在哪些商店消费可以退税

并不是所有的韩国商品都可以享受退税，只有在标有全球退税（Global Blue TAX FREE）或 GLOBALTAX FREE 标志的商店购买的商品才能享受到退税。在这些商店买东西的时候，记得在买完东西后要退税发票。

2. 消费多少金额可以退税

可以退税的商店会有消费金额的最低金额。在韩国，可以退税的商店一般都有规定，只要你一天之内，在这同一家商店购买商品的费用达到 30000 韩元，就达到了退税的标准。

很多旅友回国后总结购物经验，有的人发现原本可以更省的，为什么呢，因为韩国的退税系统是梯度退税制。比如当你买 50000 韩元（约 300 元人民币）时，可退到 7% 的税，这是最划算的；接近 50000 韩元时，争取超过这个额度，要不

然你就只能退到约 3% 的税；购买金额介于 30000 ~ 49999 韩元，都只能退 1500 韩元（约 9 元人民币）；同样的，购买金额 50000 ~ 74999 韩元，只能退 3500 韩元（约 21 元人民币）。金额超过 80000 韩元，平均退税率在购物总金额的 6.3% 左右。

3. 退税所需材料

（1）购买店铺发的"退税单"（Global Blue 公司有 2 种样式）；

（2）购物小票（限原件，注：不接受信用卡副本）；

（3）所购物品（限未开封、未使用的物品）；

（4）登机牌或电子机票。

4. 韩国购物退税流程

（1）在有退税标志（Tax Free）的商店购物，应一次性购物消费达 3 万韩元以上；

(2) 出示护照和机票，向店员索取全球退税支票（Global Refund Cheque）；

(3) 办理登机牌时告诉工作人员有需要退税的物品；

(4) 工作人员在行李上挂行李条，换好登机牌后再将需要退税的物品取出；

(5) 退税物品如果需要托运，到海关柜台办理申报手续；如果需要携带，到另一个海关柜台办理手续（这两个海关柜台都会有工作人员帮忙指明）；

(6) 海关工作人员确认物品后盖海关印章（有时可能需要开箱检验）；

(7) 在海关退税柜台旁边办理托运行李；

(8) 入关，在退税柜台办理退税，填写退税相关表格，有些能现场领取退税金，货币大多是韩元，有些需要填写信用卡号，1个月左右收到退还的税金。

现在韩国也支持支付宝退税，一般几个工作日就能到账，无需排队等待，挺方便。在韩国的大型机场能看到相关退税说明。有兴趣的旅友可以尝试。首尔市区内也有一些地方能办理退税，但是比起在机场退税要繁琐一些，建议办事较稳妥的旅友以机场退税为主。

在退税所办理退税时，需要先用你的国际信用卡刷一笔与你获得的退税金额相同的"临时结算"（Temporary charge），等在机场办理行李托运，确认你将要把退税物品带出境后就会取消"临时结算"。有旅友建议在购物时使用现金，因为使用现金可以现场办理退税，而如果刷卡的话，要到机场进行办理退税。

✕✕✕✕✕✕ 韩国设有退税窗口的地点 ✕✕✕✕✕✕

退税种类	退税地点	退税口
全球退税	仁川国际机场	3楼出境处，28号出口前
	金浦国际机场	2楼海关返送台（只运营信用卡退税台）
	金海国际机场	2楼出境处，4号出口前
	釜山国际客运港	2楼出境处
	仁川国际客运1港	3楼出境处
	仁川国际客运2港	1楼出境处
韩国退税	仁川国际机场	3楼，出境处，28号口前
	金海国际机场	2楼，过出境检查台后右拐

首尔著名免税店		
名称	地址	网址
乐天免税店（롯데면세점）	首尔市内店 1：中区小公洞 1 号乐天百货店 9–10 层 首尔市内店 2：中区小公洞 1 号乐天宾馆 1 层 首尔市内店 3：松坡区蚕室洞 40 − 1 乐天百货蚕室店 10 层 仁川机场店：三楼出境候机大厅 25 号口附近	www.lottedfs.com
新罗免税店（신라면세점）	首尔市内店：中区奖忠洞 2 街 202 号仁川机场店：三楼出境候机大厅 28、42 号口附近	www.dfsshilla.com
AK 免税店（AK 면세점）	首尔市内店：江南区三成洞 159 号 COEX 地下 1–2 层仁川机场店：三楼出境候机大厅 11 号口附近	www.akdfs.com
东和免税店（동화면세점）	首尔市内店：钟路区世宗路 1 街 211–1 光化门 1 层	www.dutyfree24.com
华克山庄免税店	首尔市广津区华克山庄路 177 号喜来登华克山庄	www.sheratonwalkerhill.co.kr

应急 ✽ 知识

迷路了怎么办

在韩国旅行，每到一个城市，都最好先到旅游信息中心领一份当地的地图，这样旅行会方便很多。如果在出游过程中发现自己迷路了，就要询问警察，如果旁边没有警察，则可以询问路旁的商家或当地人。如果是在野外迷路，应该原路返回。或者是找参照物，如太阳的位置，主要标志物的位置等，以便帮自己走出去。

物品丢失

出门在外，一定要谨慎一些，看管好自己的贵重物品，尤其平时比较粗心的人。不过即使这样，对于重要的证件还是要准备好复印件，万一丢失也能有个凭证。以下是一些重要物品丢失的解决办法：

·护照遗失·

当你确认护照已经丢失后，就要立即给中国驻韩国大使馆打电话说明情况，并留下自己的电话。在大使馆备注后可以等半天时间，因为如果有人捡到你的护照的话，他可能会和大使馆联系，然后找到你并交还给你。在等待的这段时间，你可以去附近的警察局开护照遗失证明，然后准备要补办护照的所需的材料，如事先准备好的照片、护照复印件或身份证原件等。如果没能找回护照，应尽快拿着自己的材料去大使馆补办护照。

·行李遗失·

记得在自己的行李上做一些独有的记号，这样会为你找回行李提高成功几率。如果在飞机上或者巴士上行李遗失，应赶快找工作人员帮忙，看是否是别人拿错了行李。如果还是找不到，就要对行李进行遗失登记。在登记遗失行李时，要详细地写清楚行李箱中的物品和价格，如3天没有找到行李，则可以向航空公司或者巴士公司要求理赔。

·信用卡遗失·

信用卡遗失后要立即打电话至发卡银行的服务中心，办理挂失与停用，也可以与当地信用卡公司的办事处或合作银行取得联系。办理手续时需要卡号和有效期限，另外记得把联系方式也记下来。

·旅行支票遗失·

在使用旅行支票的时候，为了证明身份要出示护照并在上面签名。如果你丢失的旅行支票上没有签名，则可不必太担心，因旅行支票没有签名是不可能使用的。如果自己签名了，就要赶紧给旅行支票发行公司的海外服务中心打电话挂失，停用已遗失的旅行支票，并申请重发旅行支票。

·机票丢失·

如果你丢失了机票，可以和韩国的航空公司联系，请求帮助。丢失机票分为丢失电子机票和丢失纸质机票。丢失电子机票的话，你只需要重新打印航空公司通过电子邮件发送给你的电子机票行程／收据。如果没有保存电子机票，就可以联系航空公司，让其通过传真再次发送给你。然后，在整个旅行过程中也要保存好"电子机票行程／收据"，因为在办理检票、入关或报关手续时可能需要出示。如果是丢失纸制机票，你需要亲自前往航空公司办事处或售票处办理机票补发／退款。如果你提供原始机票的信息如机票号码、路线、购票地点和日期，处理时间将大大缩短。建议你保留一份机票复印件，以备机票丢失时使用。

·遇到小偷怎么办·

现金、护照等证件，以及其他贵重物品千万不可放进行李内，一定要随身携带。景区、酒店大堂、商场等游客聚集的地方是偷窃行为多发地，请保管好自己的财物。如不幸遭窃，第一时间就是向当地警察报案。如果是在旅馆被盗的，可以通过旅馆柜台人员找警察前来处理。如果是贵重物品，要申请被盗证明书，以方便以后向保险公司申请索赔。如果证件也一起被偷的话，就要请警察厅出具一份较为详细的遗失证明，以便以后补办证件。

身体不适

出国旅行，会面临着环境与饮食的变化，身体难免不适。因此在出发前要准备一些常见的药品。如果只是感冒等小问题，可以自己根据说明书吃些药，然后好好睡一觉，让身体慢慢恢复。如果患有慢性病，就要从中国带足药，并携带英文的诊断书，万一出现状况，当地的医生就可以尽快做出诊断。在韩国的大城市中就医不用担心语言不通的问题，这些城市中，一般会有专门为外国人服务的医疗机构。

名称	地址	外语服务	电话
仁川国际机场医疗中心	仁川机场地下1楼	中、英、日	032-7432600
Severance 医院	首尔新村	英语	02-22288888／22286566
峨山中央医院（Asan Medical Center）	首尔松坡区风纳洞388-1号	英语	02-30103114 02-30105001（外国人诊所电话）
三星医院(Samsng Medical Center)	首尔江南区逸院洞50号	英语	02-34102114 02-34100200 (外国人诊所电话)
首尔大学医院(附设儿童医院)	首尔大学路	英语	02-20722473（本院） 02-01304840505（国际诊所） 02-20723563（儿童医院）

韩国主要旅游城市的医院

·韩国旅游常备药物·

在韩国如果想买药的话，必须有医师的处方笺。为了应对旅途中可能出现的各种状况，你最好在出行前准备一些常备药物。

感冒药

韩国虽然与中国距离较近，但是初到一个陌生的地方总会有些不适应，再加上旅行期间可能会比较劳累，抵抗力容易下降，可能更容易感冒，所以感冒药是必不可少的。

肠胃药

韩国的最具代表性的泡菜并不是所有人能吃得惯的，而且很多饮食中都有海鲜，如果肠胃不是太好或者卫生条件不好的话很容易出现肠胃疾病，提前准备好肠胃药很有必要。

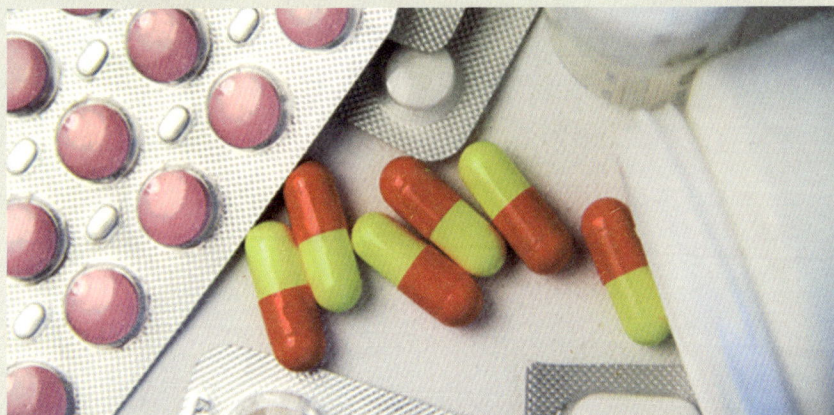

· 韩国旅游常用药 ·

药名	韩语	英文	实物
阿司匹林	수면제	Aspirin	
安眠药	피임약	Sleeping Pills	
避孕药	감기약	Contraceptives	
感冒药	페니실린	Cold Medicine	
盘尼西林	항생제를	Penicillin	
消炎药	애드	Antibiotic Medicine	
止痛药（布洛芬片）	기침 의학	Advil	
止咳药	지사제	Cough Medicine	
止泻药	해열	Antidiarrheal	
退烧药	해열	Antipyretic	

韩国旅游常用药对照表

要牢记的紧急电话

报警电话：112

救急车电话：119

紧急处理电话：129

查号台电话：114

卫生间的那点事

也许很多人觉得卫生间是一件小事，但是出行在外，这又是一件容不得我们忽略的事。因此在出行前，我们必须要了解一些关于它们的信息。

地面干净没有水渍，也没有难闻的异味。卫生间内还有洗手液、热水、烘干机等设施，实用方便。

·其他卫生间·

在韩国，除了室内场所有公用卫生间外，在室外也有造型独特的卫生间。当然，如果你是携带宝宝出行的家长，最关心的可能是宝宝在哪里更换尿不湿，这也不用担心，韩国有不少卫生间带有婴儿整理台，让你的出行无忧。

·街头和景区内的公共卫生间·

韩国很多景点都有公共卫生间，比如教堂、博物馆、公园等，这些景点里面有非常方便的卫生间，使用方法分为蹲式和坐式；此外，大多数商场和火车站里也有的卫生间。它们一般都非常宽敞明亮，

·卫生间的叫法·

韩语"卫生间"的发音可以认为是"hua/zang/xir"，如果你不会说韩语的"卫生间"，也不用担心，只要记住卫生间的图标，或者出示这些图标寻问路人，就可以很容易找到。

适应 ❀ 韩国时间

由于韩国的首尔时间比中国的北京时间早1小时，所以到达韩国后不用"倒时差"，也可以轻松游玩。但仍需将手表或手机的时间调快1小时。

购买 ✿ 出行保险

在韩国旅行，在陌生的环境一旦出现任何意外都会让人感到不安。这时，如果有一份保险的话可能会让你的心里有些着落。所以在出行前，你最好能根据目的地和自己的实际情况办理一份适合自己的境外旅游保险。

现如今网络上有不少保险导购网站，通过这些保险导购网站，你可以选择合适的旅游保险。平安人寿保险、太平洋保险、泰康人寿保险等都是值得信赖的保险公司。无论选择何家保险公司，都要选择适合自己境外旅行的险种。

常用保险公司网址

名称	网址
平安人寿保险	www.life.pingan.com
中国人寿保险	www.e-chinalife.com
太平洋保险	www.ecpic.com.cn
泰康人寿保险	www.taikang.com

电话 ✿ 与网络

在韩国如何打电话

如何在韩国境内拨打电话预订各项事宜，也许是即将出境的你困惑的事情。如果不打算在韩国当地买电话卡或是在机场租赁当地手机使用，那就在出发前将自己的手机开通国际漫游业务，注意最好要提前关掉手机的语音信箱功能，否则一进入语音信箱，即开始计算漫游费用。如果要省一部分电话费的话，也可以在韩国当地办卡或是租借手机。

如何开通国际漫游

移动卡业主拨打 10086，按照语音提示操作、开通国际漫游服务，也可以直接找人工服务，由其协助开通。联通用户拨打 10010，电信用户拨打 10000。

运营商	拨打韩国本地电话	拨打中国大陆（不含港澳台）电话	在韩国接听电话	发中国大陆（不含港澳台）短信	GPRS漫游	客服电话	网址
国际漫游资费详情（单位：元／分钟）							
中国移动	0.99	0.99	0.99	0.39元／条	3元/3MB	10086	www.10086.com
中国联通（预付费）	1.06	1.06	1.06	0.36元／条	—	10010	www.10010.com
中国联通（后付费）	0.96	0.96	0.96	0.36元／条	0.005元／KB	10010	www.10010.com
中国电信	2.99	0.99	0.99	0.49元／条	0.003元／KB	10000	www.10000.com

拨打电话需知

从韩国拨打中国座机：0086+ 区号（不加0）+ 座机号

从韩国拨打中国手机：0086+ 手机号码

从中国拨打韩国座机：0082+ 区号（不加0）+ 座机号

从中国拨打韩国手机：0082+ 手机号码

韩国的网络

去韩国之前，可以在中国的机场租借韩国的移动热点（简称EGG），这是一个Wi-Fi的发射器，到了韩国后打开EGG，只要手机或是电脑等有Wi-Fi功能，就可以搜索EGG的Wi-Fi联网，输入密码，之后即可上网。最多可同时连接7台终端设备，但范围要在20米内。韩国移动热点在当地全境都可以用，但在偏远地区、山区、封闭的室内信号会有影响，都属正常现象。

城市	办理地	营业时间
EGG 国内租赁地推荐		
北京	首都机场3号航站楼国际隔离区（过安检）中央商业区（T3E）；首都机场2号航站楼国际隔离区（过安检）紫悦餐厅对面	24小时营业
上海	浦东国际机场1号航站楼国际到达1楼45号柜台（10号门对面）	24小时营业
广州	广州市天河区林和西路167号威尼国际大厦507室	周一至周五 09：00 ~ 18：00

附录

韩国行政区划

　　大韩民国行政区划中，一级行政区称为"广域自治团体"，分别有 1 个特别市、1 个特别自治市、6 个广域市、8 个道及 1 个特别自治道；广域自治团体以下是二级行政区，称为"基础自治团体"，共有 73 个自治市、86 个郡和 69 个自治区。基础自治团体以下又分为面、邑、洞；再分为里、统以及最基层的班。

韩国行政区划	
西北地区	首尔特别市、仁川广域市、京畿道
东北地区	江原道
中部地区	忠清北道、忠清南道、大田广域市、世宗特别自治市
西南地区	全罗北道、全罗南道、光州广域市、济州特别自治道
东南地区	庆尚南道、庆尚北道、釜山广域市、大邱广域市、蔚山广域市

韩国应急电话

报警电话：112

急救车电话：119

紧急处理电话：129

查号台电话：114

中国驻韩国使领馆

中国驻韩国使领馆信息		
大使馆	地址	电话号码
中国驻韩国大使馆	首尔市首尔特别市钟路区孝子洞 54 番地	02–7567300
中国驻釜山总领事馆	釜山广域市海云台区海边路 47 号	051–7437990
中国驻光州总领事馆	光州广域市南区月山洞 919–6 番地 503–230 号	062–3858874
中国驻济州总领事馆	济州特别自治道济州市厅舍路 1 条 10 号	064–9008830140

韩国世界遗产

韩国部分世界遗产信息			
中文名	所在地	列入时间	类别
宗庙	首尔市	1995 年	世界文化遗产
海印寺藏经板	庆尚南道陕川郡	1995 年	世界文化遗产
佛国寺和石窟庵	庆尚北道庆州市	1995 年	世界文化遗产
水原华城	京畿道水原市	1997 年	世界文化遗产
庆州历史遗址区	庆尚北道庆州	2000 年	世界文化遗产
高敞、和顺、江华支石墓遗址	全罗北道高敞郡、全罗南道和顺郡、仁川江华郡	2000 年	世界文化遗产
朝鲜王陵 40 座	首尔市、京畿道高阳市等地	2009 年	世界文化遗产
韩国的历史村落	庆尚北道安东市　庆州市	2010 年	世界文化遗产
南汉山城	京畿道广州市	2014 年	世界文化遗产
百济历史遗址地区	忠清南道公州市、扶余郡等地	2015 年	世界文化遗产
济州火山岛和溶岩洞窟	济州岛	–	世界自然遗产

● 清溪川